TIMES OF SPECIAL EXHIBITION
特展时代 2.0

贾布 编著

同濟大學出版社
TONGJI UNIVERSITY PRESS

贾布

特展研究专家、策展人、资深媒体人

喜布特展　创始人、总经理

和贾布看展　发起人

上海会展行业协会文创特展专委会　副主任

毕业于复旦大学中文系中国语言文学专业，曾任《东方早报》文化新闻部主任、《设计新潮》杂志执行主编。十余年媒体工作经验，与当代艺术、建筑、设计、戏剧、文学等各类文创行业密切合作，拥有敏锐传播嗅觉与丰富媒体资源。

专注大型城市公共艺术、当代艺术，以及非物质文化遗产的再设计与当代转型。策划的展览有“朱家角当代艺术展”“剩余价值——环保艺术展”“奔牛·上海——大型城市公共艺术展”“引力场”“非遗再设计——光阴盒子”“草书歌行——大世界非遗创新展”等，曾参与“2011毕加索中国大展”并主编《见证传奇：毕加索的艺术人生》（上海人民美术出版社）。

2014年，凭借敏锐的洞察力，开始对刚刚起步的特展产业进行学术研究，并持续输出研究成果。2015年编著《特展时代2.0：上海特展产业研究2014~2015》，该书由同济大学出版社出版，这是国内首部专项研究特展产业现状与发展的学术专著；专著的主体内容被收录进上海社会科学院出版的《上海文化产业发展报告（2016）》。

2017年启动“和贾布看展”，邀请内容专家和普通观众一起看展，看展现场进行直播，图文展评在“和贾布看展”微信公众号及“澎湃新闻”上同步发布。

内容简介

《特展时代 2.0》是一本针对正在蓬勃发展的上海特展产业的研究专著。

全书分为理论、数据和案例三大板块：以论述和采访建构特展的理论体系、勾勒行业发展历程；基于扎实的调研数据，以大量图表与分析来综合呈现特展产业的供应与消费现状；选取有代表性的重点案例，以采访、调研与分析相结合的方式详细介绍特展运营模式。

这是一本专业性极强的书，本书的目标读者是：

正在和将要投资特展产业的人；

正在和将要投身特展事业的人；

在特展的产业链上吃饭的人；

爱看特展还想知道特展是怎么回事儿的人；

对文创行业的各个门类都有兴趣了解的人。

序一
国际文化大都市的特展之花

花建
上海社会科学院文化产业研究中心主任、研究员

展览业中的一股春潮

随着越来越多的“主题展”、“策划展”、“周年展”、“艺术展”等成为都市的文化时尚，“特展”作为一种充满活力的理念和实践，也引起了人们的广泛关注。

从历史的角度看，展览本身就是在样式不断丰富中发展的。展览最初的原型是定期、定点、以物易物的市场集市（Fair）。随着货币经济的发展，开始兴起了以货币为媒介的商业展销。根据史料记载，1156 年在德国莱比锡出现了欧洲最早的商品集市，当时的地方统治者还正式签署了商业展销开市的证明。1157 年的法兰克福和 1252 年的波兹南也逐步形成了商业展销的中心，而且逐步扩大到欧洲的其他地区。直到 21 世纪，这些城市仍然是世界著名的展览业中心。

从人类社会跨入到全球化时代以来，商品、货币和人群的流动空前加大了，所以展览的内容和样式也大大扩展了。从全球范围看，它大致可以分为四种形态：

第一种：展览会（Exhibition），即主要以专业观众为对象所进行的陈列、展示和演示，强调展品的内涵和功能；

第二种：商业展销（Fair），即以一般消费大众为对象的陈列、展示和推广活动，强调商业推介和品牌传播；

第三种：博览会（Exposition/EXPO），即综合型的大型国际展览活动，具有向国际社会进行宣示和展览的意义；

第四种：展演（Show），即主题性的展示、推介和演出活动，以主题来引领推介的内容，并且强调现场效果和互动。

如从1851年开始设立的世界博览会，在历史上就曾经用过展览会（Exhibition）、商业展销会（Fair）等头衔，而2010年的上海世博会（EXPO 2010），从一开始就强调了它是综合型的大型国际展览盛会，创造了12项以上的世界会展纪录。

“特展”在英语中被称为Special Exhibition或Feature Exhibition，这就强烈地表达了它的定位，即它是展览中的一个独特门类，以特定的主题为引领和组织内容，针对专业观众或者有兴趣的爱好者，以门票、衍生品和社会赞助等为主要运营模式，在特定时间段内举办的展览。当然，人们对特展的定义之研究会不断深入。而今天用风趣一点的语言来说，它可以表述为三个“特”：特别主题、特殊魅力、特爱人群。如果没有这样的特别设计，那可以说徒有特展的外壳，而缺乏了特展的真谛。而一旦形成了这样的奇妙组合，那就仿佛是灼热的阳光，通过凹透镜形成了聚光点，一下子点燃了火柴，“把特别的爱给特别的你”，让人们感受到巨大的感官享受和强烈的心灵冲击。

记得我在美国丹佛艺术博物馆，观看过一次现代建筑设计展。这座博物馆本身就是一个让人惊叹的杰作。在落基山脉皑皑的雪峰之下，它用玻璃和146000平方英尺的钛金属外衣，以大尺度三角形和多边不规则结构，获得了21世纪第一座纯现代艺术博物馆的美称。而这次现代建筑设计展，则有一个独特的主题“通向未来的朝圣之旅（A pilgrimage to the future）”。它通过系统地展示意大利设计师Gio Ponti等人的设计思想、设计图、手稿和模型，深入展示了他们是如何从落基山脉的雪峰、现代太空建筑、高强度金属结构和波普艺术等多样资源中吸取了灵感，结合深邃的结构工程修养，设计出这样的杰作，让丹佛这座“一英里高”的城市有了傲世惊俗的文化地标。在纯现代建筑中体会现代设计师的伟大，向着未来世界让心灵做一次自由飞翔，这就是一个优秀的特展给许多人留下的难忘印象。

特展运作的两大杠杆

随着越来越多的策展人参与特展的设计，特展运作模式也在不断的探索中深化。从运作规则来说，特展主要是以专业观众为对象所进行的陈列、展示和演示，强调展品的内涵和功能，它一般不具有商业营销的功能，大多是非营利的文化艺术和科学活动。但是特展所具有的专业化、国际化、时效性和艺术魅力，又要求投入大量的资金和资源，才能获得可持续的发展。大量的实践证明，成功的特展依托两大杠杆：第一是巧妙的主题设计，第二是有效的运作推广。

从策划设计的角度看，特展的奥秘首先在于“特别主题”。古人有言：“横看成岭侧成峰，远近高低各不同”，那是因为大自然的造化博大精深，难以穷尽。同样道理，文化的大师、艺术的杰作、科技的硕果也是深邃而厚重的，而且会随着后人对他们理解的深入，而放射出越来越丰富的光彩。从这个意义上说，特展的策划，首先是一个解读和挖掘对象的过程，也是一个亲近和启发观众的过程。在这两者的交叉点上，恰恰是孕育特展主题的黄金地段。

有些优秀的特展，瞄准了众所周知的艺术大师，却别出心裁地揭示他们传奇般的人生，让观众在惊讶之余更增添了艺术探秘的激动；有些巧妙的特展，把一脉传承的多位设计大师组成一个单元，让人看到伟大的设计理念如草蛇灰线，伏脉千里；也有些聪敏的特展，把风靡世界的艺术和影视杰作，做了独特的重新编排。比如曾经在上海展出的“皮克斯动画25周年展”,吸引了大批皮克斯动画电影的粉丝。这个特展设立了三层展区,以“故事”、“角色”、“世界”三个角度,系统地呈现皮克斯动画电影的幕后世界,揭示它开辟前所未有的3D动画电影的艰难历程,包括精选三集《玩具总动员》的展品规划专区,展出绘画手稿、故事版、数字绘图、动画摄影等2D制作,多件3D人物雕塑及其他数字装置与影像作品,展示了这个优秀团队如何开创3D动画电影,继而推动整个动画电影革命的核心奥秘。

从运作推广的角度看,特展的活力在于跨界的特别运作,包括与时尚业、商贸业、制造业、旅游业等的联手。联合国教科文组织和联合国贸发会议的文件指出:文化创意产业实际上是一个层层展开的同心圆结构,会展业与其他产业的跨业融合,是一个必然的发展趋势。英国国家科学与艺术基金会提出“软创新”,欧洲事务公司提出“文化型创意的创新”等,都列举了大量事实指出:随着后工业化社会的逐步到来,在大量消费品的质量、价格、技术和功能趋同的背景下,人们的消费重点从“物有所值”到“价廉物美”,从“超值服务”再到“个性体验”,逐步上升到追求体验经济的新阶段。

经济合作组织将创新分为产品创新、过程创新、组织创新和营销创新。这些创新都属于功能性、材质性、物理性的“硬创新”,此外还需要一种“影响产品和服务感官知觉、审美情趣、知识认知的非功能性表现”的“软创新”。在外表、字体、手感、输入法等方面唤起感情因素,顺应新一代消费者的喜爱,它们都能有效地扩大工业产品的市场销售。而文化创意产业包括特展的核心价值,是给人以想象、情感、审美、共鸣、愉悦的符号——心理感受,在这些价值内容向流行时尚、衍生产品、品牌服务、专卖商店等延伸的过程中,就可以有效地提升产业链后端的价值。有鉴于此,2013年9月的“路易·威登时尚展——永恒的缪斯女神”选择在东京标志性历史建筑——东京车站酒店开幕。策展人设计了一个“沉浸式的数字技术”的新型展览，让爱好者共同亲近为路易·威登做过品牌推广的缪斯女神——凯瑟琳·德纳芙、凯特·摩丝等明星。而2015年在上海新天地举办的“不朽的梵高——感映艺术大展”邀请凯迪拉克冠名合作，在吸引大批人流的同时，也显示了凯迪拉克追求高贵、内涵和品位的风格。这都是值得借鉴的跨界联动之案例。

国际大都市的文化魅力

优秀的特展，总是与创意、创新和创造联系在一起，总是在充满活力、具有深厚文化情怀、建立了全球化联系、拥有密集流动性的国际文化都市诞生。从这个意义上说，举办特展的质量、数量和影响力，已经成为一个国际文化大都市的重要标志，也如冰山一角显示了城市所拥有的文化创意资源。

绝大多数特展，都是从无到有、从0到1的创意产物。它依托的不是名山大川、历史遗产、百年老街之类的自然和人文遗产，而恰恰是在全球化背景下，一大批策展人、参展方、参观者的创意、智慧、热情和实操能力。联合国贸发会议的专家最近指出：在跨入21世纪以来的这一轮全球化浪潮中，全球的货品流通自1980年以来增长了10倍，服务流通自2001年以来增长了3倍，资本流通自2002年以来增长了1.5倍，人员流通自2002年以来增长了1.3倍，而信息流通自2008年以来增长了7倍！这种全球化的速度和密度，是过去历史上任何一个时期都无法比拟的。谁放弃了参与全球化的交流，谁就失去了增长的强劲动力，这已经是一个无情的竞争规律。

再深入一层研究：在全球化流动的大潮汐中，一座大都市怎样吸引各类资源和人流的汇聚呢？一系列优秀的特展，正是吸引资源集聚的魅力平台和磁吸亮点。这颗展览业的新星，需要都市人包括媒体、企业、社团、院校等各方面，也需要各种资源和人才的广泛参与，更需要有识之士建立全球化的广泛联系，让“天下资源，为我所用；海量财富，与众共享”。从纽约、伦敦和东京等国际大都市的经验看，城市举办特展的丰富多样程度，总是与城市的国际化联系和运作能力成正比例的。美国学者理查德·佛罗里达指出：“创意人群是最重要的人力资本……他们对于地点的选择能够带动该地区的经济成长，而他们比较偏好多样化、包容力大、对新观念开放的地方。”这正是培育丰富多彩的特展，对建设国际文化大都市的重要价值。

《特展时代 2.0：上海特展产业研究 2014~2015》的作者贾布女士为推动特展做了许多努力，不但对特展的发展轨迹做了深入梳理，剖析了许多有价值的案例，访谈了多位业内专家，还委托第三方调研公司，结合线上和线下两种渠道，对 2014~2015 年上海特展产业的观众规模、观众的行为与态度做了调查分析。这正所谓：“落红不是无情物，化作春泥更护花”，这一成果会给关心和推动特展业的人士提供许多有益的启发。谨此为序。

序二
特展时代到来了吗？

李向阳
上海视觉艺术学院美术学院院长

一直到翻完书稿，我都不敢答应贾布关于写序的邀请，因为除了人老眼花、愈来愈珍惜闲云野鹤的生活之外，还因为始终对她研究的课题，尤其是《特展时代 2.0：上海特展产业研究 2014~2015》这个书名心存疑虑。尽管之前我们有过相关的谈话，但不曾想这个话题居然可以有如此高大上的前景。

究竟什么是特展？提出这个概念的动机是什么？特展包括哪些类型？一个真正意义上的美术馆或美术机构举办什么样的展览不算特展？以藏品为主的常设展不是特展吗，或者说不具备特展的特征？这些展览与这个馆的学术定位、收藏方向、风格特色是什么关系？它是否因为引发了思考、生产着知识、建构起价值观而显得重要？如果承认在一定时期内由于种种原因我们的美术馆不可避免地大都沦为出租场地的展览馆的话，那么这样的研究又有多少现实意义？有钱了买回几个外国货，我们就迈入了特展时代？

还没完。特展也属于产业？产业是什么概念？是指生产方式还是经营模式？是强调社会效益还是经济效益？即便在私有化的国度里，也有“营利”和“非营利”之别，那这个概念如何针对本地从事特展的大都属于事业单位和民办非企的现实？一旦产业成熟了、产值惊人了，会不会影响政府的投入，或者改变政策的惠顾？不知道这条路上曾经是前赴后继、血光冲天？没看见那些不知道是圈地的还是洗钱的一下子挤进文化圈，其实他们并不具备文化的常识和文化的心态？

好像还有许多，但突然想起另外一些亲身感受和经历过的事情。比如，近年来，我们的特展意识确是越来越主动、越来越强烈了，哪怕是个小小的画廊，也把展览策划得有声有色、像模像样，而随着民营资本的介入，他们的营销方式和商业技巧别开生面，比官方大佬做得更显活力、更接地气，从而大大提高了展览与观众的互动性，在取得良好社会效益的同时，获得不菲的经济利益。还比如，国际上那些偶像级的大馆如今也像商场了，将自己的藏品分类打包、明码标价，甚至还同意借展方把展览放进租来的商业空间里。虽然可以接受这些现实，但一时半会，我很难从情感和伦理的漩涡中走出来。是因为多年供职于体制内造成的一叶障目，还是由于职场的坎坷经历使我对“产业”、“市场”等余悸未消？

纠结归纠结，我还是下决心写了。那是因为这本书论述平实、数据翔实、案例真实，多少可以为乱象丛生的业界进行一番梳理，为从业者提供一些经验。同时，我想借此对贾布表达一种后生可畏的感佩：一个小姑娘，开了一个小公司，却能以如此认真的态度和博大的情怀，做一件好像应该是政府做的事情，而这种态度和情怀，对于当下的我们，要比答案来得重要。

前言

过去这一年多里，“特展”是我和周围朋友谈论最多的话题，他们来自不同行业，大多和艺术、展览有关，也有地产和投资行业的，他们正在或者想做特展，他们对特展的未来有一种模糊的兴奋，基于直觉判断这个行业前景广阔，但也找不到什么可以佐证的依据，只是直觉。

我也是这众多“模糊的兴奋”中的一个。十几年对文创和展览的贴身观察让我相信自己的直觉，十几年媒体工作经验所养成的质疑习惯又让我警惕这种直觉。

这就是我着手进行特展产业研究并出版这本书的目的以及工作方法：从理论梳理、行业数据和案例分析等三个维度来进行研究，并以扎实的数据与案例让“模糊兴奋”的人们看到特展行业的发展现状，并为特展实务提供决策和执行的依据。

作为产业，特展才刚刚起步，这一两年间发生着急速的变化。快速成长的市场中几乎必然地伴随着乱象丛生，这让案例分析的过程有时很像在破案。互联网上看起来热闹的搜索量背后，是复制粘贴而来的大量重复信息，有时候，还包含着以讹传讹。那些除了这个展览再没参加过其他展览的“著名艺术家”，除了这个项目再没有做过别的项目的“最有影响力的机构”，还有无数经不起推敲与追问的故事……

我有时会对这种搜索工作上瘾，花了一两天搜遍全世界，最后发现在书中呈现的只不过几行字，甚至，根本不需要出现。这时不免懊恼，不该把时间浪费在莫名其妙的垃圾事上。但我知道，下次还会这样，因为我总有强烈的欲望，想要找到背后的那个“是什么”和“为什么”。

倒回头来，想到知道特展热背后到底“是什么”和“为什么”，这不正是我想要从事这项研究、写这本书的初衷吗？

书写完了，有很多人需要感谢。

必须感谢喜布文化的每一个小伙伴，不管是直接参与这本书的工作，还是在别的项目上忙碌。

孙露参与了数据分析部分的工作，她对数据交叉对比之可能性的不懈探讨、对图形表现形式的不断优化、对数据背后之意义的反复推敲，以及之前在统计与调研行业中的工作积累和专业经验，使这本书得以如期顺利完成。

数据调研中的行业规模部分由戴倩执行，搜集八百多个展览的信息，进行分类、核实、定性，来回的数据比对，她耐心、细致地完成了这项让人抓狂的工作。

围绕特展产业研究，我们还启动了论坛以及其他相关活动，王雅馨负责这些项目的跟进，在各种甲方乙方的身份之间腾挪自如。

感谢本书的责任编辑张睿，她曾是我十多年前在《东方早报》工作时的同事，因为这本书，我们似乎又回到了那个一起大口吃肉、大碗喝酒、大声吆喝的岁月。每当我刚刚起了要偷懒的念头时，她就会神一样地出现，成为那个把我从逃跑通道堵回来的人。张睿的鼓励与帮助，以及她为本书所付出的巨大努力甚至是牺牲，让我在无尽的感激之余，也对这本书、对我所选择的研究方向更加充满信心。

感谢我的家人，感谢我的父母和我的先生对我无原则、无底线的精神支持。我的父亲，曾写诗，曾做过杂志主编——他那个年代的主编的含金量，比我当杂志主编时值钱多了。

他是那个最早让我领会到思考与表达之乐趣的人，虽然初中时他曾经替我写过作文，但我保证，这本书里我爹没有一个字的代笔。

感谢“赞赏社交出版”在书还没有写出来的时候，就能边写边卖，还提供了一个可以提前推广这本书的通道，这在过去都是无法想象的事。幸运地，我又搭上了“赞赏社交出版”要进行市场推广的顺风车，本书的作者肖像照也是赞赏买单拍摄的。照片修过了，活人比照片中皮肤略粗、略显老、脸略大，但基本可辨认。

当然还要感谢在“赞赏社交出版”平台赞赏了这本书的人，无论是亲友场还是专业场，你们的认可鼓励着我。

感谢每一位接受采访、对我开诚布公的特展运营者，也感谢那些预读了相关章节并对我的文章提出真诚意见与建议的人。

感谢孙大旺、李亮、乔荣，如果读者觉得这本书除了内容之外，卖相不错，这是他们的功劳。

还要感谢 Scrivener，我的朋友陈艺文介绍给我的一款写作软件，非线性写作的神器，必须推广必须分享。如果没有这款软件，我的大脑和电脑应该早就一起死机了。

在我所知的范围中，这是第一本专门针对特展产业进行研究的出版物。因为缺少现成的资料与数据可供参考，书中从理论梳理、数据获取到案例研究的方法，都是经过无数次讨论后推敲出来的，这中间再所难免会有遗漏与不足之处。如果读者对这项研究有兴趣或是有任何意见与建议，非常欢迎读者能与我交流，我们的网址是 www.xibuarts.com、微信公众号是“喜布特展”。

目 录

案例

>01

理论

“特展”是指在文化创意相关的领域中，以普通公众为目标观众，在事先策划的特定主题下，由主办方组织展览内容与各类产业资源，以门票、衍生品和赞助为主要运营模式，以巡展和异业合作为辅助运营模式，在一定场所内举办的有时间期限的展览。

特展时代 2.0
>>

作为艺术展览的一种类别，特展早已存在于公立美术馆、博物馆之中，经过多年发展也已经拥有相当成熟的一套操作模式和上下游产业链。

在过去的几年中，特展的数量在稳步增加，话题也在快速升温。业内人士对特展在未来的发展普遍抱持乐观态度。随着各类民营资本的介入，特展开始进入了 2.0 时代。这一方面是指全面的市场化运作使特展带动着更多的社会资源，朝向产业化方向发展；另一方面，作为一个与终端消费者密切相关的行业，特展的票务、推广、营销等各个运营环节也都与其他正在快速升级的 2.0 时代紧密相联。

特展的概念
>>>

特展的一般定义

在中国大陆，“特展”是这几年出现的新词，文创展览的从业者对什么是“特展”已经逐渐形成了一些简单共识。

特展是展览（Exhibition）中的一种分类。与展览相对应的概念是博览会（Fair）。博览会的运营模式是向参展商收取展位租金，有的还向参观者收取门票。而参展商在展会上出售其展示的产品，或者进行以销售为目的市场推广，比较典型的如汽车博览会、艺术博览会等。

特展是个引进的词语，英语中通常称为 Special Exhibition 或 Feature Exhibition。在日本、中国台湾等地，又被称为“临展”、“策划展”、“企划展”、“主题展”、“特别展”，这些名称从不同侧面勾划出了特展的某些特征。在大陆，“特展”已经约定俗成地成了此类展览的标准名称。

此外，国际上还会根据投资规模与观众规模等指标将特展分为中小型特展和超级特展（Blockbuster）；根据展陈方式分为陈列式特展和主题式特展；或者在其他维度上分为巡回特展和户外特展等。

经过对上海特展行业的持续观察，我从 2014 年下半年开始着手于特展产业研究的工作。通过查阅资料以及与多位特展从业者的访谈，逐渐廓清特展的一般概念：在文化创意相关的领域中，以普通公众为目标观众，在事先策划的特定主题下，由主办方组织展览内容与各类产业资源，以门票、衍生品和赞助为主要运营模式，以巡展和异业合作为辅助运营模式，在一定场所内举办的有时间期限的展览。

对特展概念的理解，会遇到扩大化与片面化的问题。有人认为迪士尼乐园是个大特展，有人认为一场有听众参与的研讨会也可以称为特展，这是将特展概念扩大化的倾向。另一种是将这个概念片面化、绝对化。特展不是一个非黑即白的概念，并非是要符合以上所有特征才能称为特展，而是根据这些特征进行综合判断。

我们给特展概念做出界定，核心的目的不是为了判断一个展览是否属于特展，而是为了在一个相对明晰的范围内对这个新兴产业进行讨论，帮助其健康良性发展。同时，特展产业在国内正处在初期发展的阶段，这个产业无疑将会不断变化，对于特展概念的界定也会随之调整。

特展的内容

特展是指文创领域的展览，一般包括东西方艺术、动漫卡通、设计、时尚生活以及品牌文化输出等。虽然艺术目前是特展的主体内容，但特展绝不是一个纯艺术领域的概念，事实上，特展内容的多样性已经呈现出越来越清晰的趋势。

近几年上海举办的比较有影响力的特展中，既有“印象派大师·莫奈特展”①、“草间弥生——我的一个梦”②、“朱见深的世界：一位中国皇帝的一生及其时代——成化斗彩鸡缸杯特展”③这类高艺术价值的特展，也有大量从动漫卡通中衍生出来的娱乐性展览，如2014年在大悦城举办的“几米世界的角落”④、月星环球港举办的“跨越时空的爱——Hello Kitty 40周年特展”⑤等。

时尚生活类的特展在这几年中堪称异军突起，早两年的例子有“流金五十年：007电影设计展”⑥、“积木狂想季”⑦等。2014年底举办的“失恋展”⑧，虽然同类展览在国外早有先例，“失恋展”的内容挖掘和展陈方式也广受诟病，但其对于展览内容多样性的探索上却具有一定价值。

即使是以经典艺术作品为卖点的特展，其表现形式也越来越多样化，换言之，是否能拿到原作已经不再是艺术类特展成功与否的唯一标准。2015年在新天地太平湖上举办的“不朽的梵高——感映艺术大展”⑨，整场没有一幅真迹，虽然被批评为“PPT展览”，但其对拓展展览形式的价值仍然值得被充分重视。

设计类展览在近几年中开始增加，涉及的门类较多，但数量不多，主要包括建筑设计、工业设计、时尚设计及平面设计等。

特展内容分类中有一个较为特别的类型是品牌文化输出，是指品牌方直接展示自己的经典产品，或以产品与艺术

①上海K11购物艺术中心，2014年3月8日~6月15日。

②上海当代艺术馆，2013年12月15日~2014年3月30日。

③龙美术馆（西岸馆），2014年12月19日~2015年02月08日。

④上海大悦城，2013年12月5日~2014年2月28日。

⑤月星环球港，2014年4月30日~6月15日。

⑥上海民生现代美术馆，2013年3月28日~6月30日。

⑦正大广场，2013年7月26日~10月27日。

⑧月星环球港,2014年11月11日~12月25日。

⑨新天地太平湖，2015年4月28日~8月30日。

相结合的方式来展现其品牌文化，前者如上海当代艺术博物馆举办的“瞬息·永恒——卡地亚时间艺术展”[①]，后者如2013年上海当代艺术馆举办的“迪奥精神”[②]。

各类特展内容更详细的描述将在行业规模数据一章中详细展开。

特展的场地

伴随着特展内容多样化同时发生的是特展场地的多样化。

传统特展的内容基本都是艺术类，无论是高价值的东西方经典艺术，还是那些已经具有公众影响力的当代艺术，因为对资金、场地的硬件设施与管理水平甚至是主办方资格的要求较高，而基本集中在美术馆、博物馆等专业展览场所中。

近几年，特展明显地扩张到商业综合体、城市公共空间以及其他各类商业空间中，这中间以动漫卡通和当代艺术为多。动漫卡通类的展览因与商业综合体之间具有某种天然的互补性而成为了一种典型合作方式，这种合作又对主办方与场地方共同展开多种综合营销、异业合作提供了可能性。在上海，大悦城、月星环球港、静安嘉里中心、高岛屋等地都举办过动漫卡通类的展览。

展览场地的多样化，对于真正活化城市公共文化生活具有重要的意义。

①上海当代艺术博物馆，2014年7月19日~10月12日。

②上海当代艺术馆，2013年9月13日~11月10日。

上海特展的发展历程、现状与机遇 >>>

公立展示馆中的特展

在上海，作为展览的一种类型，特展早已存在。

在现在国内的美术馆、博物馆的系统中，展览一般分为常设展、申请展和特展。常设展是美术馆、博物馆最主要的展览类型，指长期展示的馆藏作品，比如上海博物馆中国古代青铜馆、中国古代雕塑馆里的展览。

美术馆、博物馆里通常都设有一定面积的临时展览区域，用来举办不同的短期展览。短期展览分为申请展和特展，申请展是一种颇具中国特色的展览，由办展者（通常是艺术家个人或品牌方）向美术馆支付一笔以服务费、场租费或赞助费为名义的费用，从而获得进入美术馆展示的资格。

特展是由美术馆或博物馆结合自身定位主动组织的，因为公立美术馆、博物馆的官方背景，会有大量或是基于国际文化交流需求，或是为提升城市整体文化形象、提升公众文艺欣赏水平而举办的特展。

符合今天特展定义，并在公众中产生广泛反响的展览，可以追溯到20世纪七八十年代。1978年，“法国19世纪农村风景画展览”[①]在北京和上海举办，展览中包括了柯罗、高更、库尔贝、莫奈、米勒、德兰以及雷诺阿等大师的作品。1982年的“法国250年（1620~1870）绘画展览”、1983年的“法国毕加索绘画展”，在当时都引起了公众广泛的关注。

在引进海外版权的同时，自主版权的特展也随着国门打开而渐成气候，其中影响最为深远的是上海双年展。自

①中国美术馆，1978年3月10日~4月10日。上海美术馆，1978年4月25日~5月25日。

1996 年开始举办，第一届只有三十余名艺术家参与，到 2000 年第三届时就已经成为真正符合国际双年展运营规范的展览。上海双年展绵延至今，是中国当代艺术界最具影响力的展览之一。

世纪之交以后，以上海美术馆为例的公立美术馆在特展的策划组织上积累了越来越多的经验，在过去的十几年中，举办过多个非常有社会影响力的特展。显然，在举办特展方面，公立美术馆有着无法取代的优势，它本身承担着向公众普及艺术的社会职责，有设施过硬的固定场馆，有政府的资金支持（虽然在过去几十年中，政府对公立美术馆的财政政策屡次变化），有从学术研究到场馆管理的全线专业工作人员。

2012 年，上海美术馆变身为中华艺术宫，与上海博物馆、新成立的上海当代艺术博物馆成为上海三个最大的公立展示馆，它们的定位也极为清晰：上海博物馆以古代文明、古代艺术为主；中华艺术宫以近现代艺术为主；上海当代艺术博物馆以带有实验性的当代艺术为主。由于场馆数量和展览面积的大幅增加，上海举办的特展数量与质量又有了一次很大的提升。

由公立美术馆、博物馆主办的特展，是由国家财政拨款。虽然公立场馆中的特展也会售票，但因为国家对公立美术馆的票价限制（2011 年全线免票后，普通展览免票，特展可以售票，但一般都不会超过 20 元），一般很难收回展览成本。同时，官方场馆追求社会效益大于经济效益，追求学术性大于娱乐性，追求公众艺术教育和城市文化形象大于营收需求。因为这样的性质，使公立美术馆不会把特展以产业化的方式来经营。

民营资本投资特展

民营美术馆在特展的产业化发展历程中起到了重要作用。

民营资本投资特展，能追溯到的最早案例是 2002 年在上海城市规划展示馆举办的“狂想的旅程——大师达利互动展”[①]，投资方中润广告是一家上海本土的民营企业。这个展览全面按市场化运作，投资 300 万元，50 元的票价在当时是绝对的高价（上海美术馆、上海博物馆当时的标准票价是 20 元）。展览依靠票房、赞助和衍生品获得盈利。

位于人民公园内的上海当代艺术馆是上海最早的民营美术馆，成立十年以来，举办过包括“皮克斯动画 25 周年展”[②]、“草间弥生——我的一个梦”等多个极具影响力的特展。最近几年，随着民营美术馆的广泛兴起，上海民生现代美术馆、上海喜玛拉雅美术馆、龙美术馆、余德耀美术馆等一大批民营美术馆也都为特展的整体繁荣起到越来越重要的作用。

展览场馆增加的同时，上海本地也涌现出一批民营特展公司，其中最具代表性的便是上海天协文化发展有限公司，投资主办了从毕加索到莫奈等多场艺术特展。而随着 2014 年“印象派大师·莫奈特展”与“草间弥生——我的一个梦”的大热，一年间又涌现出了数个中小型特展公司。

民营资本投资特展，是对公立美术馆特展的有效补充，对于文化市场的多样化发展、提升公众文化艺术欣赏水平都具有重要意义。符合国家鼓励文化产业企业主体、市场运作的大政策。以特展为核心业务的民营公司的出现，以全面市场化的思路来运营特展，能更积极地带动各种周边产业的发展，是特展朝产业化发展的重要标志。

①上海城市规划展示馆，2002年11月25日~2003年1月24日。

②上海当代艺术馆，2011年8月1日~10月30日。

特展的市场环境与机遇

>>>

公众对文化娱乐的需求日趋多元化，是特展可以在未来获得长足发展的根本原因。特展是以普通公众为目标客群的文创展览，在社会效益和经济效益两方面都具有广阔前景。特展产业整体健康良性发展，对提升公众文化艺术欣赏水平、优化产业结构和提升艺术产业能级都有着重要作用。

此外，在电商的持续冲击下，实体物业型的传统商业地产也面临转型，积极寻求各种可以带动人流与消费的方法。文创特展便是其中极为行之有效的方法之一。

行业对比

今天的特展，无论是市场规模，还是行业的软硬件建设，都还处在刚刚起步的阶段，本身没有太多数据可供比较。

在行业间，可以借鉴电影市场与演出市场作为参考。因为所针对市场的相似性，特展有望继电影、演出之后，成为又一文创热点。虽然今天这几个市场的规模不在一个量级上，但它们都是以普通公众为目标受众，都是文化娱乐产品，电影、特展、小型演出的票价互相接近，其消费者也有很大机率互相转换。

在所有的文化消费中，电影是最受欢迎的方式。上海市民中，“36.8%的人每月去看一次电影，31.4%每年几次，17.6%每周一次”[①]。相对应的，在一项与柏林、伦敦、纽约、

①黄昌勇、夏洁秋、徐一文、章超，“上海国际文化大都市建设评估研究”引自《上海文化发展报告（2015）》。

巴黎、新加坡、东京等城市的比较中，上海的电影院和电影银幕总量也是位居前列[①]。根据新闻出版广电总局电影局公布的数据，2014 年，全国电影总票房 296.39 亿元人民币，同比增长 36.15%。

演出市场目前没有来自官方的准确数据，但有其他信息可资参考：从 2015 年到 2016 年底，上海新建和改建剧场将达 40 家，其中 1/3 建在商业综合体中。

作为一个新兴的产业，特展在场地数量、特展数量、观众规模、票房等各项指标上，目前要比电影、演出市场的规模小很多。但从特展产业的内部来看，过去几年在特展数量、参观人数、票房收入等各个方面，都已经呈现了稳步的上扬趋势。

城际对比

在城际比较中，最适合对比的是台湾的特展市场。在亚太地区，中国台湾是特展发展最为成熟的地区。台湾特展的市场化运作始于 1993 年的“莫内及印象派画作展”，两个月的展期中共吸引了 31 万人次参观。这个展览在台湾开启了公立展览场馆与民营资本合作，以借展费从国外引进特展的运营模式。

之后的20年间，台湾的特展产业持续发展，培养了公众看特展的消费习惯，单以台北市为例，台北市人口约260万（约为上海的10%）。一个展期为3个月的特展平均参观量为20万~30万人次，优质展览能达到50万~70万人次。

此外，经过多年的运营与积累，台湾特展业在内容研发、成本控制、品牌行销、营收绩效等多方面形成细致、规范、可持续的运作经验，也形成了中国时报的时艺多媒体、联合报业的金传媒等特展龙头企业。

①同前页。

上海特展存在的问题

虽然文创产业现在整体上得到国家的重点扶持，但在细分的各个文创领域中，特展的市场爆发力还没有体现，也没有得到充分的重视。与此相对应的是监管缺失。在这短短一两年间，特展市场上已经出现了一些严重夸大宣传、混淆视听的展览。这对特展观众群的培养会起到非常负面的作用。

运营上仍处于粗放式经营的探索期，面临诸多问题，如市场数据全面缺失导致立项决策缺少依据，项目运营上对成本控制、品牌行销、营收绩效等多方面无矩可循。此外，对观众互动体验、现场管理、衍生品研发、宣传推广等诸多环节都需要进行更深入的探索。

特展的运营

>>>

以门票、衍生品和赞助为主要运营模式，以巡展和异业合作为辅助运营模式，这是特展在运营上的典型特征。

过去的几年里，特展票价持续上涨，售票方式和传播方式都发生了翻天覆地的变化。赞助越来越难拉，而异业合作却存在很大潜力。后文将从票价、售票模式、衍生品、传播、巡展与异业合作等几个方面，分别介绍特展运营的现状与可能性。

票价

在过去的很多年里，上海博物馆和上海美术馆的标准票价一直都是 20 元，这个稳定的价格在 2011 年被打破。先是当年 3 月出台的新政策要求上海博物馆、上海美术馆等场馆的常设展览对公众免费开放。之后，两个民营资本投资的特展出现了高票价：上海当代艺术馆举办的“皮克斯动画 25 周年展”的票价是 70 元，上海天协文化发展有限公司举办的“2011 毕加索中国大展”[①]的票价是 80 元。

对多年习惯了 20 元展览票价的观众来说，突然间数倍增长的票价在短时间内确实难以接受。上面两个展览的参观者数量都没有达到主办方的预期，这在一定程度上与突然升高的票价尚未被市场接受不无关系。

观众对展览票价有一个心理调适期，人们对百元级文化消费的整体判断在转变。2014 年的“印象派大师 · 莫奈特展”中，100 元的门票已经被广泛接受。

2015 年，大型特展的票价出现了一些共同的趋势，票价大幅提高，预售期明显加长，预售期的折扣率很大。比如“不朽的梵高——感映艺术大展”通票 160 元，提前 5 个多月预售，预售票价 80 元。2015 年下半年的“乾隆号，下一个江南”[②]双人票 240 元，提前 3 个月预售的双人票 88 元，相当于 3.6 折。“疯狂达利艺术大展”[③]票价 160 元，也是提前 3 个月预售，预售票 80 元。

①世博中国馆，2011年10月18日~2012年1月10日。

②上海大悦城，2015年9月7日~11月29日。

③上海外滩18号，2015年9月26日~2016年1月10日。

售票模式

除了票价，2014 年由于格瓦拉生活网（后文简称格瓦拉）等线上票务平台的介入，使特展门票的销售方式在短短一年里就发生巨大的变化。线上票务平台能提供和电影院一样便捷的现场机器取票服务，大量节约了观众排队购票的时间。加上超长预售期、超低预售价等一系列组合动作，导致观众的购票习惯明显地从线下转移到线上。

格瓦拉首次介入展览门票是 2014 年的“草间弥生——我的一个梦”。当上海当代艺术馆门口排队买票的人流对主办方形成无法化解的巨大压力时，才找到格瓦拉来合作。在这个展览中，格瓦拉上售出的门票在总票房中约占 5%。这个比例在 2014 年 3 月举办的“印象派大师 · 莫奈特展”中已经上升到 45% 左右。在 2015 年的“不朽的梵高——感映艺术大展”中达到 60%。

预售票的好处不言而喻，主办方在展览开幕之前就开始有资金回笼，并且根据预售票情况提前掌握市场反应，对于展览现场管理、衍生品的生产都有重要的指导作用。

现在，在线上平台进行超长预售期、超低预售价的售票模式几乎已经成为新近特展的标准动作，而其中隐藏的弊端也已初现端倪。当预售票在整个票房中的占比越来越高，主办方越来越倚重预售票时，很可能预售价才是展览真实的市场价格，这将有可能会破坏主办方与消费者之间的价格信任，从而破坏整个特展市场的脆弱的价格系统。

衍生品

展览衍生品一般包括纪念画册和明信片等印刷品、办公用品、家居用品、服装配饰、儿童用品、限量版或签名版复制品等。

在讨论特展衍生品时，必须将其与博物馆、美术馆根据常设展或是馆藏而开发的衍生品区分开来。博物馆、美术馆开发的衍生品，其开发周期和销售周期几乎没有限制。比如台北故宫博物院，近年来凭借其丰富的馆藏资源和持续的设计研发，已经成为亚洲艺术衍生品开发的第一高端品牌。从40元人民币三卷一组的“朕知道了”胶带，到4000元人民币的翠玉白菜摆件，都是长期热销的明星产品。

但特展衍生品的开发思路完全不同，它受展期的严苛限制，存在产品开发周期短、销售周期短的特性。在很短的时间内，围绕着单个展览开发出能摆满一间商店的产品，品类要够多，价格覆盖面要广，还要能够适应不同消费者的需求。当下，特展衍生品多会采用将授权画面在各种产品上直接印刷的简单开发模式，这与以上提到的因素都密切相关。

特展衍生品开发的另一个难点在于前期预估生产数量。看完展览后购买衍生品，这是一种典型的冲动式消费，商品如果没有在展期中卖掉，则很难产生后续销售。总之，对于特展衍生品的运营者来说，控制生产成本和生产数量，要远比提升设计质量重要得多。

为了降低衍生品的风险，有些主办方也会采用外包给专业礼品公司的方式，这样可以转嫁研发生产的成本，也没有库存压力，但利润率低。不同的特展主办方会根据自己的实际运营能力和经验来决定营运模式。

市场数据方面，衍生品的人均消费通常在15~35元之间。观众的消费欲望会受到展览场地、商店面积与环境、衍生品的品质与定价系统等一系列因素的影响，所以这只是一个非常粗略的数据。例如，以少年儿童为目标客群的亲子类特展，其衍生品的人均消费会偏低，因为这种展览是一家几口人来，但衍生品消费大多只针对少年儿童的需求。

一个特别的案例是，龙美术馆在2014年举办的“朱见深的世界：一位中国皇帝的一生及其时代——成化斗彩鸡缸杯特展”，观众对鸡缸杯复制品表现出了极高的购买热情，以最保守的估计，人均消费达到60元①。

传播

过去两年间，传统媒体的断崖式衰落和微信的井喷式增长，不仅改变了人们获取信息的习惯，也几乎影响了以公众为目标客群的每一个行业。在特展行业，各个特展主办方都已明确意识到在当下的传播环境中，自媒体平台、互动式营销是更为有效的传播方式。各类主办方也基本都有专门团队在运营自己的微博和微信平台，公众号一般都会以相对稳定的频率推送信息。

几年前，一些大型展览还会直接购买媒体广告，但这种做法在这几年里已经越来越少。如一直举办高端特展的上海天协文化发展有限公司，在“2011毕加索中国大展”中曾投放过大量的电视广告，但在2014年的“印象派大师·莫奈特展”中则不再投放。

现在的展览主办方普遍采用前期在线上利用社交媒体进行预热推广，在新闻发布会上邀请传统媒体进行现场报道相结合的方式。

作为信息发布通道，传统媒体仍然起着重要的作用。在展览例行的新闻发布会、开幕式等重要场合，媒体记者一直都占有一席之地。在某种程度上，传统媒体仍然代表着来自

①此展的参观人次不足五万，其复制品鸡缸杯分为三个价格，288元、688元和6900元。其中，价格288元的鸡缸杯复制品售出至少一万件。

官方的、正统的认可，对主办方而言，也可能形成一些直观可视的资料沉淀。更重要的是，现在几乎每一个传统媒体都同时拥有自己的公众号，有的还开发了移动端 APP。传统媒体上的报道内容都有机会在这些公众号和 APP 中同时出现并被更广泛的读者阅读。在上海，如澎湃新闻、界面等都是脱胎于传统媒体，其下载量、粉丝数均不可小觑。

特展——尤其是艺术类特展，更容易得到数量庞大的民间自媒体平台的关注。在 2014 年大热的“草间弥生——我的一个梦”和“印象派大师·莫奈特展”中，大量信息是由这些主办方素未谋面的民间“小编”制作并进行传播的。在微信快速生长的阶段，各种刚刚开始起步的公众号都在努力寻找可以传播的热点话题。而这两个已经成了社会时尚话题的展览，与大型特展一起互相借力。

这两个特展的传播可能很难重演，微信本身的热度自 2015 年以来已经开始出现缓慢降温，而各种移动应用也都在强化在线社交的功能。

在传播内容方面，以艺术类为主的一些特展还比较明显地存在“身段”的问题，习惯于讲述晦涩的理论，习惯宣讲式教育的方式，这些在一定程度上也会影响展览信息的传播效率。

此外，很多主办方会忽略展览举办期间的口碑监测，由参观者直接生成的用户评论，对其后消费者的消费决策起到较为重要的参考作用，也对主办方动态调整自己的现场管理与服务有着重要作用。

巡展

巡展可以节约运费、增加衍生品的销售周期（从而可以提升衍生品的品质，降低开发成本和生产成本），增强展览的知名度与影响力。如果是事先与版权方谈定的打包巡展，还能向版权方争取到更为低廉的借展费。总之，巡展能有效降低单个展览的平均成本，分摊风险，是特展运营的上佳之选。

之所以说它是辅助性的，是因为目前国内的特展较难做到。这一方面是展览和作品版权归属的问题，也与各地特展运营方、场地方之间的信息平台不通畅等因素有关。

行业内一般将特展版权粗分为引进版权（又称外展）和自主版权。引进版板是由主办方向版权方支付一定数额的借展费或版权费，从而获得作品在一定时间段内的展示权，或是其品牌的使用权，借展费通常与作品的市场价值相关。通过观察不难看出，这几年影响力较大的引进版权特展基本都是巡展模式，而且其中有相当一部分是从中国台湾展完后巡展到中国大陆的。

以“2011 年毕加索中国大展”为例，其作品来源于法国巴黎国立毕加索美术馆，博物馆在其场馆装修期间将馆藏作品分成几组在世界各地巡展。因为每一场巡展都是落地主办方与版权方直接接洽，所以难以获得借展费的优惠。2011 年的毕加索大展在上海结束后又巡展至成都，对于上海的主办方来说，获得的实际利益是节约了运费（从上海运巴黎变成了上海运成都），并在成都市场消化掉了一部分衍生品。

异业合作

在特展所能获得的各项营收中，门票与衍生品可以在开展前根据展览内容、规模、场地等预估出大致的范围。相对来说，赞助的不确定性非常大，除了运营能力，有时也依靠运气。

展开多种形式的异业合作是一种有效的方式，可以分摊运营压力，提高观众数量、参与度，以及提升消费体验。在已有的异业合作中，亲子活动出现比较多，多个特展都开发了围绕展览内容的亲子活动产品。与展览场地周边的餐饮娱乐业进行打包式、联动式的合作营销，可以让观众很容易地把看特展和其他休闲消费打包进一个半天消费周期里。

在将来，特展的推广和营销很可能变成一件事。除了微博、微信上“转发送门票”这种简单有效的营销手段，还可以根据展览内容及场地的特点，展开多维度的异业合作，比如与在线旅游平台、与展览场地周边餐饮业的各种打包合作，都能达到互相转化消费者，互相带动传播的目的。

被采访人：李向阳

1953 年 10 月生于上海，1996 年毕业于上海大学美术学院。历任上海美术馆执行馆长、上海油画雕塑院院长、上海当代艺术博物馆筹建办主任。现任上海视觉艺术学院美术学院院长。李向阳是中国特展行业早期的践行者之一，他从 1994 年开始引进国外特展，1996 年创办上海双年展。

公立美术馆里的特展 >>

贾布：以您在美术馆行业二十多年的经验，您是怎么定义特展，怎么对展览进行分类的？

李向阳：就美术馆而言，特展这个概念是从日本、中国台湾来的。在日本多称之为特别展，在中国台湾则称为临展。美术馆、博物馆，主要是以常设展为主的。特展从主观上讲是为了馆的学术研究，结合自身的藏品和定位不定期推出一些展览，客观上也能吸引眼球。即便是世界知名的博物馆，像卢浮宫、大英博物馆等也会经常举办特展。在上海美术馆任职期间[①]，我们已经把展览形式分为三类：常设展、申请展、特别展。

一般来说，美术馆的主要展览形式都应该是常设展，比如现在的上海博物馆，就是以陈设馆藏为主。但是当时国内大部分美术馆都没有藏品，即使有藏品也是放在仓库里，很少陈列出来。一是因为美术馆本身的藏品不够，难以填充美术馆的展示空间。二是因为美术馆的运营经费不足，这也是个核心问题。当然，最重要的还是，对美术馆的认知和观念问题。

当时的概念里，美术馆只是个地方、一个场馆，可以租给别人来办一些临时性的展览，我们把这称为申请展。申请展就是守株待兔，收取场租，讲究一点的经过学术委员会审核一下，或者以服务费、管理费、赞助费的名义向申请方收费。即使在今天，美术馆出租场地也是个不可避免的现象。

我理解的特展，简单地说，首先是你自己想做，然后你去策划、去购买都可以。

①1993~2005年。

贾布：按照我们今天的特展定义，上海早些年间特展有什么例子？

李向阳：1994 年，我刚到上海美术馆工作不久，有机会接触到一位日本的大收藏家叫竹内阳一，他是日本著名的实业家、艺术品收藏家，号称当时日本纳税第 26 名的富豪。他收藏了六百多件从 14 世纪到 18 世纪的西方艺术作品，还成立了西洋美学研究所。

我当时看了他的藏品画册后，就特别希望能把他的藏品拿到上海美术馆来做个展览。经过一年多的联系和准备，“日本国竹内阳一先生藏画——欧洲文艺复兴时期前后油画精品特别展”在 1994 年 10 月开幕了，展期一个月，来了 64 件作品，包括丁托列托、委拉斯贵兹、鲁本斯、凡·戴克、伦勃朗，还有荷兰画派的一些画作。这在当时的上海非常轰动，5 元钱一张票，每天数钱，从来没见过那么多钱，兴奋啊！

这个展览不管是经济效益还是社会效益都是巨大的成功，好几位市里的领导都惊动了，当时上海市民只要提到竹内阳一都知道。

贾布：对应到今天我们对特展的定义，竹内阳一的这个展览就是典型的引进版权特展，和今天的莫奈展、奥赛展[①]比较接近。

李向阳：差不多是这样。后来我们还做过一些国外艺术家大展的巡展，比如达利展，就是有他那件著名的“红唇沙发”的展览。

当时美术馆正要搬到钟楼这里来[②]，正在做开幕前的改造。达利基金会正和中国台湾《中国时报》合作准备在台湾的历史博物馆做这个展，他们参观了上海美术馆觉得场地很好，我就游说他们在台湾展完之后到上海来做一站巡展。但是达利这个展览的效果没有在台湾那么轰动。

①“法国印象派绘画珍品展”，上海美术馆，2004年12月9日~2005年1月18日。

②指原上海美术馆，位于南京西路325号，2000年到2012年在此。因为建筑中有一个钟楼而被简称为“钟楼”，又因为曾是上海跑马总会所在地而简称为“跑马场”。

贾布：当时这些引进版权的展览，运营模式和今天肯定有很大不同吧？有没有借展费、保险费和运输费这些支出？

李向阳：没有借展费，当时穷得完全就不存在这些概念。

达利的那个展览，连台北到上海的运费都是《中国时报》付的，我们只提供上海美术馆的展览场地和落地后的人员安排。再往前像竹内阳一的展览，从包装到运输，几乎所有的费用全是由日方买单的。那时候我们多穷啊，我们去日本是日本人买单，日本人来上海也是日本人买单。放到今天，就算对方愿意买单我们也不会愿意，实在太没面子。

另外，当时刚刚开始和国外的美术机构接触，完全没经验、没见过世面。竹内阳一的展览对我们来说就是个开眼的过程，作品运过来的时候，日本人做的那个包装、用的那些材料，那种一层又一层的精细程度，我们根本没见过。国内当时运作品就是弄几块木板钉一钉就算不错了。

贾布：在引进版权展览之外，自主版权的特展好像也是在那个时间段开始的。

李向阳：是的，我们后来也做过一些自主策划的展览，尤其2000年搬进钟楼以后，因为逐步也积累了些藏品，像中国版画、国画、贺友直的捐赠作品、俄罗斯版画、当代油画等，这些馆藏拿出来做了一些展览，勉强也能算是特展吧。但是总体上因为经费不足、代表作不多，产生的反响不大。

我做过最大的特展应该算是双年展吧。1996年我们办了第一届上海双年展，主题是“开放的空间”。当时我们就是听说国外有个双年展，谁也没去国外看过双年展，谁也搞不清双年展到底是怎么回事儿，但是风云际会，大家群情振奋，都想做点事儿。

第一届双年展主要集中在架上绘画，也有一些装置之类的。我们当时去邀请艺术家来参展，人家也搞不清你在干吗，都爱搭不理的。那年我们请了三位旅居海外的华人艺术家：陈箴、谷文达和张建君。谷文达的作品是用头发做成的砖块。张健君在我们三楼一个十几平米的小厅里放了一圈他的视频，用老青砖铺地。陈箴的作品闯祸了，就在开幕式前夜，他的作品《三十六计金为主》遭到了质疑，原因是作品中使用了不太雅观的马桶和涉嫌违法的人民币。这件作品是个很大的台球桌，桌上洒满了人民币，桌面上有三十六个孔，孔下装着三十六只马桶。作品是针对时下物欲横流的消费社会，抨击了游戏人生的拜金主义，是有很积极的现实意义的。但是，作为组委会的秘书长，我必须贯彻组委会关于作品的修改建议。改也得改，不改也得改，怎么办呢？

我们和陈箴连夜开会。陈箴患有白血病，他坐在那里脸色惨白，豆大的汗珠往下滚，他太太徐敏忙前忙后干着急。过了夜里 12 点，我忽然想出个主意，人民币不能用，代价券可不可以？比如游戏机的钢币、搓麻将的筹码，不都具有货币属性嘛？马桶是个接排泄物的容器，而垃圾箱、废纸篓，不也是同样功能的东西嘛？

陈箴立刻就接受了我这个提议，但是，深更半夜的，到哪去弄这些东西？我说只要你把方案定下，剩下的我来。然后我们就连夜折腾，第二天早上所有的材料都到了，拆的拆，装的装，双年展如期开幕。陈箴跟我说，这件作品应该把你的名字也写上。我却余悸未消：不担罪名已是万幸了。

贾布：在当时的社会大环境下，影像、装置这类当代艺术作品，应该还是非常新鲜的东西，一般观众很难理解认同吧。

李向阳：那届双年展是一个非常初步的尝试，反响有好有坏，老外很兴奋。当时的政治环境，老外一兴奋，领导就紧张。所以整体上，我是被那个双年展搞得灰头土脸的，得到处去跟领导解释，说双年展只是作为美术馆的一种探索和尝试，美术馆一定是站在艺术史的角度继往开来，既对昨天有所研究，也对明天有所追求。为了挽回影响，那年下半年，我们又举办了一个“世纪回眸——新中国现实主义油画经典作品展”，展览开幕的时候，把靳尚谊、罗公柳都请到现场了。

“世纪回眸”这个展览，一开始只是个概念，但操作起来很辛苦，因为我们自己手上没有作品。这么大的一个标题，展出作品的重要性、代表性必须够。我们联系了中国美术馆和中国革命历史博物馆向他们借作品。谈好之后，我们就开了一辆金杯车，带上美术馆所有中层干部和共产党员，又向武警借了三辆解放牌大卡车，拉着一堆木板和两个木匠，两天两夜，赶到北京，当晚就住在澡堂子里。

中国革命历史博物馆的夏燕月副馆长，把我们带到仓库里，让我们自己挑作品。那些作品在仓库里放的时间久了，全是灰。我们卸画、掸灰、捆扎、包装，中层干部全趴在地上干体力活，木匠在现场锯木板、钉箱子。

我当时很想借王式廓的“血衣”，那是教科书里的经典作品。一开始夏馆长说这一个，不能借。但最后被我们这一群趴在地上干活的人感动了，终于同意出借了“血衣”。这次展览效果很好，在圈内得到了众多的好评。

这些展览的操作模式在今天看起来是极不正规的，不但没有借展费、保险费，甚至合同都没有，但我认为这些展览都是属于特展范畴。

贾布：通过“世纪回眸”这个展览可以证明，虽然你们也搞怪力乱神的当代艺术，但总体上还是根正苗红的。

李向阳：没错。“世纪回眸”算是在领导那里扳回了一点印象分。可能和这个有关，后来的双年展又能继续做下去了。第二届双年展主要研究水墨；第三届就在前两届的基础上，发展成了一个真正意义上符合国际标准的双年展。

贾布：当时双年展的资金怎么解决的？

李向阳：谈钱永远都是痛！第一届时没钱，去找赞助，美术馆马路对面有一个广告公司，说可以帮我们拉赞助，合同也签了。没想到离开幕还有20天，那个公司倒闭了，老板被抓了，封条都贴上了。没办法，我们带着策划方案、作品图片到市政府找龚副市长，他非常支持，拨了50万元专款给双年展。

第二届情况好一点，是上海美术馆和香港的梁洁华艺术基金会合作的，他们基金会赞助了100万元。2000年的第三届双年展“海上·上海”，2002年第四届“都市营造”，2004年第五届“影像生存”，都是一开始找到了好像是愿意给资金支持的天使一样的合作方，像有线电视台、沪申画廊、东方早报社等等，但是到最后呢，其实也都没拿到多少钱。

贾布：前五届双年展简直就是筚路蓝缕，不堪回首。但是2004年双年展之后紧接着的奥赛展却是非常轰动的。

李向阳：2004年是中法文化年，奥赛展是由文化部作为中法文化年的交流项目引进的，所以不牵涉借展费，交流回去给法国的是范迪安带领的“中国当代艺术展”，在蓬皮杜展出的。当时有好几个馆都想做奥赛这个展览，所以文化部就出了一个政策要招标。我们担心自己的力量不够，就联合了中国美术馆一起联合投标，资金多了，竞标的胜算就大。所以后来的展览就是在中国美术馆和上海美术馆各展一站，钱也是两家各出一部分，基本就是运输费用和布展费用。

奥赛展展期为一个月，参观场面相当火爆，排队的人把美术馆围了几圈。记得那时上海美术馆还做了“卢浮宫版画展”和蓬皮杜的“激浪派”展，通过这一系列的展览，上海美术馆的形象、地位、影响大大地提高了。

贾布：后来的几届双年展好像都是有政府财政支持的吧。

李向阳：从第六届开始，双年展的日子就好过一点了，有财政专项资金，但是额度也不大，大量的资金还是要靠美术馆这边去拉赞助什么的。有一两届双年展是得到瑞士银行资助的。

2012年，是上海当代艺术博物馆开馆，也是第九届上海双年展，那一年政府的专项拨款是1600万元，再加上各种赞助，总共超过2000万元，是历史上预算最高的一届双年展。

贾布：您从1990年代中期就开始做特展，当时上海没人做这件事，到什么时候您觉得特展越来越多，公众影响力也越来越大？

李向阳：很难抽象出一个明确的时间，我觉得我是正好赶上了时代的发展，最近这几年很明显和以前不一样了。所以我还是觉得要国力强大，不像以前和日本人合作，他来他买单，我去还是他买单，他让我吃碗面我就只能吃碗面，现在我有钱了，想吃什么吃什么。

2012年，上海当代艺术博物馆开馆，当时领导觉得这么大的一个美术馆，除了双年展以外，还要办国际性的大展览，所以我们还举办了“电场：超越超现实——法国蓬皮杜中心藏品展”。

蓬皮杜的这个展，就完全是国际化的操作模式了，借展、运输、保险、接待一分不能少，当然，作品我们也能挑。展览中好多展品都是五六米的大画，成本极高。

老外现在都知道中国人有钱，也知道你开馆必须要做大展览，有点狮子大开口。

贾布：政府对美术馆的政策这些年有什么变化？

李向阳：国内对于美术馆的政策在过去这么多年里一直是有变化的。我刚到上海美术馆的时候，在仙乐斯广场的那个时期，美术馆是自收自支，财政没有拨款，当时就是靠门票和出租场地来养活馆里的人，支付水电费。后来恢复了差额拨款，2000 年又改为全额拨款，但全额拨款只是拨正常的运营费，人员工资中的赤膊工资，其他所有的还要自己挣。那些年，为了养活自己，什么都试着做。包括我们搬到钟楼以后开始做衍生品，从印一张明信片开始，一步一步发展到后来的年销售额 300 万元。

从 2011 年开始，所有的公立美术馆、博物馆都向公众免费开放。和免票政策相对应的是，美术馆现在基本的运营是收支两条线。日常运营是有财政专款的，如果要做大的展览项目，那就另外向财政申请资金。尽管钱不多，用的时候也有很多限制，但政府现在也知道美术馆不论大小，除了日常运营外还需要一定的专项费用，用于展览、研究、收藏等用途。

贾布：现在特展行业有很多民营资本的介入，您认为，公立美术馆办特展和民营资本办特展，它们各自的利弊是什么？

李向阳：特展的话题，在体制内讨论和体制外讨论是不一样的。体制内做的特展以追求社会效益为主，也可以售票，但规定最高 20 元，而且理论上这个票房收入是不归美术馆的。但是民营企业完全不一样，一方面，它对展览内容的选择相对自由，操作流程相对自主，但另一方面，它必须关心商业回报，而且展览越好成本越高。因为有资金和成本的压力，它们在做推广、营销等各个方面会更下功夫。

贾布：您对美术馆里举办一些其他类型的特展怎么看，比如卡地亚那个展览？会不会担心美术馆变得太过商业化？

李向阳：我没有看过卡地亚的那个展览，但我不反对这种类型的展览。第一，上海当代艺术博物馆其实没有自己的藏品，那么大的场馆，需要更丰富的内容来增加吸引力。第二，当代艺术与设计的边界相对模糊，古根海姆博物馆的老馆长汤玛斯·克兰兹当时在古根海姆搞过很多不同领域的展览，虽有争议，但颇抢眼球。从客观上讲，因为观众各种各样，美术馆可以通过不同展览类型扩大我们的受众群体，活化氛围。当然控制比例很重要。

被采访人：焦安

1985 年毕业于复旦大学中文系。历任上海中润广告有限公司副总经理、新华传媒投资顾问委员会秘书长、上海朵云轩集团副总经理、上海朵云轩拍卖公司副总经理。现任上海嘉世华年艺术品投资管理有限公司执行董事兼总经理。

2002 年，焦安供职的中润广告举办了“狂想的旅程——大师达利互动展”、展出 300 余件达利作品，其中包括 32 件雕塑。这是上海民营资本投资特展的较早案例。在这个展览中，焦安主要负责策划与执行工作。

民营资本初涉特展

\>>

贾布：中润是个广告公司，你们当时主营业务是什么？

焦安：当时我们总代了《申江服务导报》和《新闻晨报》的广告。2002 年还是纸媒的黄金时代，广告公司的资源特别多，赞助商、客户、场地方，和我们都比较熟悉，我们也经常给客户做现场活动。公司有很多从奥美、智威汤逊这种专业广告公司出来的人，所以我们的策划能力、执行能力都很强。但不管怎么说，我们是广告人团队，艺术是跟我们毫无关系的领域，不熟悉，也从来没有想过要去做展览。

贾布：广告公司怎么会去做达利的艺术展览？

焦安：完全是偶然。一个偶然的机会，上海对外文化交流协会的朋友介绍了意大利达利基金会的人给我们。如果只是绘画类作品，我们当时肯定是不会做这个展览的，但是基金会提供的作品里有好多雕塑，那些作品千奇百怪，充满想象力。我们也做过很多研究，发现不仅是艺术作品，达利这个人也特别好玩，话题性很强，可说的东西太多了，我们在媒体上也很容易推广。

然后说我们办达利展的目的，肯定不是美术馆要提升公众文化艺术欣赏水平的这种公益性目的，但也不是当成能赚钱的商业项目去考虑。我们是当成活动来做的，主要目的是希望能提升我们手上代理的几家媒体的影响力，通过展览，让媒体、客户、读者和观众之间能有更好的互动，让赞助商除了投放我们的媒体广告之外，还有一个额外扩散和提升知名度的机会。另外，达利展做的时候正好是 11 月，是报纸第二年征订的时间，也可以借达利展带一些订户进来。当时的报纸还是要靠订户来赚钱的。

贾布：所以这个展览是很明确地按着商业活动来做的？

焦安：对的，但我们当时对盈利的期待不是很大，只要能打平就行了。一是因为当时广告业挣钱太容易了，为盈利的话根本不需要去做展览。二是我们也做过一轮调查，问了很多人，找不到盈利的先例，甚至连做过这个事情的人也找不到。那就放低心态，能打平就可以了。

我们付给基金会的是大概 300 万元，包括借展费和运输费。场地、保险这些都是我们自己去谈的。因为我们是一个民营的、商业性的公司，从来没想过拿这些东西能免费。付钱是理所当然的，但多少钱是要谈的。基金会这边态度很强硬，说这个展览还卖给了北京中华世纪坛的歌华公司[①]。但这也是从侧面给我们一个信心，觉得既然歌华可以做下来，我们也可以试试，就做了。

我们的展览里当时就有影像和互动了，有一个区域是播放介绍达利生平的纪录片。有一个小装置，上面是达利的自画像，前面有一个圆球，观众摸那个圆球的时候，达利的两片小胡子就会跟着跳动，眼睛会转来转去，还会讲一串西班牙语，类似于：你好，欢迎来到达利的世界。这个很吸引小孩子。还有一个是能把你的人影投影到达利的一张画里。现在看起来，都是很初级的互动技术，但当时还挺吸引人的。

贾布：你们手上有媒体，在那个时代做媒体推广是有很大优势的。

焦安：当时没有自媒体，网络也不是那么发达，推广主要是靠传统媒体，所以我们手上的媒体确实是很大的优势。除

①北京歌华文化中心有限公司，以北京的中华世纪坛为主要展示平台，组织策划了大量特展。

了《申江服务导报》和《新闻晨报》，我还置换了很多电视台和其他报纸的媒体广告，提前一两个月就开始做推广，整版整版地发。当时通过置换等方式换回来的媒体版面是800万元。

另外就是因为我们了解媒体的需求，找了很多宣传的噱头。东西运过来，整个过程都有媒体跟拍跟报，说这些作品的保险费有多少钱，怎么验收、开箱，作品的包装怎么安全考究。这些方法在今天的展览宣传上好像都是常规动作了，但当时都是我们一点点想出来的。

我觉得这个展览里面最成功、也是最得意的就是我们把达利的一件四五米高的作品《太空象》放在人民广场上。《太空象》是一个四个脚的怪物，脚非常长，背上驼了一个金字塔，造型很奇怪，非常吸引人。我们就是想要放在人民广场的户外，想让路过的人都看到。

这个一方面要说服达利基金会同意我们摆在户外，另一方面还要经过市政府的同意，不是城管、市容，是要报上海市人民政府的安全部门，因为城市规划馆就在市政府隔壁。他要看你这个安全不安全，会不会引来围观，会不会造成纠纷，会不会影响到市领导的安全，等等。反正经过很多道手续，也借助媒体的力量出面帮我们打通一些环节。

贾布：那个展览的票价是50元，这在当时是超贵的票价，没有这样的先例，当时市场对艺术展览的接受度也没到这个程度。

焦安：票价没办法，是根据成本核算的，城市规划展示馆一开始还希望我们不要卖票。因为城规馆本身就有一个20元的门票，如果我们再卖票，那就等于是观众要买两张票。但是不卖票我们成本算不过来啊。最后定了50元门票，其实是张联票，这里面有30元的票价是达利的，20元的票价是城规馆的。

贾布：那最后的观众和票房有多少？

焦安：没有准确的数字。票务是城规馆直接做的，他们最后结算给我们的票款大概有几十万元，按 30 元一张来结算，那可以倒推出来大概有几万观众。但是，那个时候人流统计是非常不精确的，还有很多免票的观众，比如大中小学生什么的。我们展览是从 11 月初一直到 1 月初，一放假就好多学生来看，这个人流很大，但当时都没有统计。

贾布：当时做衍生品的思路是什么？

焦安：就是靠想象力，没有经验可以参照。那个时候本身看过的展览就很少，就是大学时代去美术馆看的那些美术展，有一些今天看来印刷非常粗糙的书和明信片。我们达利展上做了咖啡杯、玻璃杯、鼠标垫，还有丝巾、明信片等，当时鼠标垫卖得特别好。画册是达利基金会运过来的。

贾布：在衍生品上使用作品图像是要向基金会买版权吗？

焦安：生产的时候和基金会说过，他们说要在销售费用里提成，但是后来都不了了之了。那是个特别不规范的年代，就像我们付的 300 万元的借展费，因为没有市场参照，也不知道是不是太贵了。不过，也因为基金会对借展费挺满意，所以对后来分成费用什么的也没太管，衍生品提成也就不了了之了。

我们当时还卖掉过两件达利基金会带来的缩小版《太空象》限量复制品，价格很贵，几万元一件。这个复制品本身是有证书的，但证书没有和作品一起来。买的人一开始也不知道还有证书这回事，他把东西买走，留个联系方式，然后我们再去找达利基金会要证书，基金会过了几个月等展览都结束了才把证书寄来，我们又找不到那个买作品的人。反正就是各种乱，各种不了了之。

贾布：听下来门票和衍生品都没赚到多少啊。

焦安：当然，主要还是靠赞助。我们最后拉了几家大的赞助商，有红酒、饮料和快消品。我们的报纸广告和赞助商广告是捆绑销售，要不然也很难拉到赞助。比如说一个一百万元的赞助商，我要告诉他现场有些什么东西，实物露出、冠名等等，同时这些冠名在报纸上活动推广时全部能看到，然后还会有些软文来配合。比如红酒的赞助商，我们现场给摆放酒的展示，酒会全部都用他的酒，然后有一些易拉宝、背景板等。

贾布：这个展览最后整体盈利了吗？

焦安：最后我们整体上盈利大概七八十万元。所以达利展办完以后，我们觉得商业性的展览还是有点意思。后来上海对外文化交流协会也给我们介绍了一些其他的展览资源，包括毕加索的版画展、雷诺阿的雕塑展，还有朱德群的抽象画展，都是放在城市规划展示馆做的。后面这几个展的投资和规模比较小，大概几十万元一场，我们随便拉个赞助商就把展给办了。

贾布：为什么没有一直做下去？

焦安：可能是和我们当时的主营业务太忙、盈利太好、压力也太大有关。我们广告公司一年要完成几十个亿元的指标，要给报纸付钱。另一方面，当时展览的市场总体上是非常不成熟的，就没有想过要成立一个展览公司或者一个公关公司专门去做这样的活动。

被采访人：谢定伟

1955 年生于上海，美国南加州大学电机工程硕士，在美国硅谷从事高科技开发工作二十年。2011 年创办上海天协文化发展有限公司，致力于从国外引进高端艺术特展项目，曾先后主办过“2011 毕加索中国大展”、“流金五十年：007 电影设计展”、“积木狂想季”和“印象派大师・莫奈特展”等。

高端艺术特展的现状与困境

>>

贾布：2011 年做毕加索大展的时候，成本毛估也要几千万元，算是一个比较大的投资。天协当时还是一个新公司，为什么不选一个成本低一些的展览先试试水？

谢定伟：如果是个影响力小的艺术家，对观众的吸引力也小，可能不值得去做。我们希望做一线大师级的作品展，起点高。当然我们也可以找其他展览做，但是像毕加索这种级别的高端特展不是你想做、你有钱就能做的。一个展览从开始协商到最后展出，有个两三年的准备期也很正常。国外有的展览不到亚洲巡展，有些重要的展览档期都排到好几年之后了。另外，国外大博物馆在外巡展的特展要不断轮换，他们的藏品可能在海外展半年时间就一定要回到本馆去，能轮到上海的机会并不多。当时正好是巴黎国立毕加索美术馆在装修，有三年的闭馆时间，馆里的藏品在全世界巡展，所以上海展很顺利就谈下来了，机会难得。

贾布：当时怎么考虑市场接受度的问题？

谢定伟：我们当时对毕加索展的前景比较乐观。在那之前，上海博物馆、上海美术馆也有一些国外引进的特展，像 2004 年奥赛的印象派画展，都非常成功。但是改革开放后这么多年里，这种级别、规格的展览并不多，因为这种从国外引进的高质量特展动不动就是几千万元的投资，政府能花钱来做的数量是有限的，所以我们当时觉得民营资本来做有很多机会。

另外也是看国外和中国台湾地区的经验和市场数据，台湾花了 10 到 15 年培养特展的观众市场，整个台湾才 2300 万人，一个台北市就不到 300 万人口，但他们一个特展做到几十万观众量是挺常见的。如米勒的名画《拾麦穗》在台北吸引过 70 万观众，另外还有好几个展都达到这个数量。上海有 2600 万人口，我们当时预估观众量应该能达到 50 万人次。

贾布: 毕加索展最后的观众是 20 万人次，远远低于预期。现在回头分析原因都有哪些？

谢定伟：最主要的是场地问题。到今天为止，场地仍然是最大的问题。

最理想的肯定是原上海美术馆这样的专业场馆，不仅因为它的地理位置好，它整个的硬件设施、管理服务都是按照一个专业美术馆的标准来做的。我们筹备毕加索展的时候，本来是想放在人民广场的老上海美术馆。开始商谈后，2011 年 3 月 5 日，突然政府出台公立美术馆、博物馆全部免费开放的政策。据说当时的政策里也提到一句说特展可以另外售票，但是一个新政策刚出来，美术馆的管理层非常谨慎，所以上海美术馆就展不成了。

然后就只能去找一些商业性的场地，当时上海可以说没有一个符合毕加索展要求的（民营或商业）专业展览场地。一方面是硬件不行，没有恒温恒湿设备，另外像专业灯光、安防设备是否具备？展品的运输通道够不够大，作品运不进去怎么办？作品上下楼的货梯够不够大，如果电梯不够大，作品木箱上下楼就要靠人工搬运，那些装画的箱子都非常重，人工搬运风险大。再有，卸货平台是否能停靠大货车？大货车装卸木箱时是否要停在街面上？停在街上的话，中间搬运过程的安全怎么保障？卸货平台是露天的还是有屋顶遮盖的，露天的话下雨装卸怎么办？还有其他许许多多的问题，不一而足。国外的博物馆对所有这些问题都非常认真，从运输作品的飞机落地开始，每一步、每一分钟的安全都要考量。他们有厚厚一叠场地设施评估标准，一项一项来审核你这个场地的专业度和安全度。比如毕加索这个展览，法国文化部先派个安全专家来实地勘察，提交评估报告，然后博物馆做决定是否借展，保险公司也派了安全专家来做安全评估。展品的安全必须得到保障，保险公司才能承保。

贾布：这样说来，岂不就是走投无路了？最后怎么去了中国馆？

谢定伟：上海美术馆展不成之后，我们找过很多场地。像上海展览中心，它以做短期商业展会为主，每年什么时间大概有什么展会基本都是固定的，而我们是要租 3 个月的场地，展览中心当然不会为我们这种一次性的客户把那些长年合作的客户舍弃了。

后来找到世博中国馆地面层的地区馆序厅，约 3000 多平米，加上序厅外的类似仓储空间约 5000 平米，当时要 1000 多万元租金。这个租金是按商业办公租金来计算的。根据世博会时期的经验，中国馆一天 5 万人来看《清明上河图》，那毕加索 80 多天的展期里观众过百万肯定没问题，那就是过亿元的票房，按这个计算，收你们 1000 多万元的租金也很合理啊！

1000 多万元租下来的中国馆其实是个空壳子，实际的展厅及所有附属设施都要重新搭建，等于我们在中国馆里又盖了个馆中馆。当时中国馆定的标准要求又非常高，民用设计院设计采用钢结构，仅钢材就用掉 160 吨。

钢楼搭好了，展厅要供电，要接电缆。作品展示环境要求恒温恒湿，展厅需要封闭。一封闭，消防就通不过，要再装一套喷淋设施。装喷淋，就牵涉到中国馆的基础设施，要装烟感热感系统，要给水泵加一套控制系统，要接水管进来……诸如此类，后期这些费用节节攀升。

在硬件设施之外，还有一块是服务，比如安保。中国馆那么大，除了我们展览之外其他地方都是空的，出口入口特别多，这就又增加了安保成本。除了整个展厅内外要装无死角视频监控以外，展览的保安岗位就要上百个，一个岗 12 小时，两岗三人，做一天休一天，还有白班和晚班，所以最后光保安人员就 450 多人，光安保人工这一项，好几百万元就出去了。

贾布：毕加索展是从台北巡展到上海来的，后来天协引进的几个高端特展都有中介方吗？在国际特展市场中，中介通常处在一个什么样的位置？

谢定伟：毕加索展是通过台湾介绍直接与巴黎国立毕加索美术馆商谈的，后来的展有的是通过中介公司谈的，需要付中介费。莫奈展是直接与博物馆谈的。

国外引进的展览分几种情况，比如像奥赛、卢浮宫这样的馆，因为他们太牛了，不会理会任何中介公司，他们只与博物馆馆对馆打交道，而且基本都是国家级的博物馆。还有一些中小美术馆，有特色藏品，比如马摩丹莫奈博物馆不是一个大博物馆，但它有一百多件莫奈的作品，奥赛也没有这么多莫奈的作品。这样的博物馆可能会接受我们民营公司作为上海的主办方。再有一些美术馆，藏品比较杂，没有成规模的收藏体系。这时候中介公司就可以找一个策展人，到很多个美术馆，每个馆分头借少量作品，组成一个大的展览。比如你想做一个雷诺阿的展览，世界上很少有博物馆有大量雷诺阿作品可以单独办雷诺阿展，所以要找个雷诺阿作品的策展人，到全世界各个馆去借作品。

贾布：莫奈展当时也是一个正在国际上巡回的展览吗？

谢定伟：莫奈展的情况不一样，一共只做了两站，就台北和上海。那个展开始是我去跟巴黎的马摩丹莫奈博物馆谈的，然后把第一站让给台北先做。让给台北做的原因是从11月到2月的那个档期里有个春节，上海的春节太冷，对于特展来说可能不是个好档期，而且那段时间可能连保安和志愿者都找不到。

上海莫奈展档期放在3~6月，这个时段的气候、温湿度都比较适合，大环境温湿度适当的话，展馆里面小环境的温湿度也比较容易控制。

做莫奈展的时候，我们对运营、对市场判断都已经积累了很多经验，团队也成熟了。莫奈的成功有几个条件，一、作品内容好，印象派更容易被观众接受；二、展览场地的地段好，交通方便；三、宣传推广好，当时正好赶上微信热起来，另外格瓦拉的精准票务推广也很给力。

贾布：莫奈展当时在做的时候，最大的困难在哪里？

谢定伟：对于天协来说，困难永远都一样，就是场地。K11的展厅是一个从商场改建而来的空间，它的硬件设施其实是不符合莫奈这种级别展览的要求的，包括我们前面提到的恒温恒湿系统、运输通道和货梯。我们最大的一幅莫奈作品是2米高2米宽，还有一幅1米高3米宽，加上木箱外尺寸的增加，电梯根本放不进去，人工搬运的风险非常高。

在K11做莫奈展，法国的博物馆方开始并不同意。后来我找了法国领事馆来协调，以及法国设计师的努力，最后是保险公司的承保，法国博物馆方才勉强同意在K11办，但后来他们承担了很多压力和责任。

莫奈展的观众将近40万人，由于展览场地不够大，其实还是流失了一些观众。如果放在老上海美术馆那样的地方，估计做到 50 万人也是很轻松的。

贾布：在选择展览项目的时候，您如何平衡个人审美趣味与市场偏好之间的关系？

谢定伟：这个肯定有个人的审美倾向在里面的，无法避免。我们出资办展，干嘛不做我们想要做的展览？

市场接受度当然是要考虑的，现在国内观众的接受度，经过这几年的摸索，也就是印象派、后印象派，基本就是到毕加索为止。再后面的当代艺术，等整个特展市场培育起来之后我们可能也会做。不过，国外的当代艺术也不便宜的，篷皮杜艺术中心那些展览的成本也是相当可观的。

贾布：天协好像一直是被场地所困，但现在很多场地都在办各种各样的展览，密度非常高。

谢定伟：要把这个事情说清，我们就得把现在的特展再分个类，分成一般的文娱性特展和高价值纯艺术类特展，它们对场地的要求完全不一样。

很多商场把几个没有出租的商铺打通，有个一千平方米左右，就能成为一个展览空间。还有一些商场是把开放式的中庭拿出来做特展。这种类型的场地很多，里面办的展览也多，像动漫卡通类的，或游戏娱乐类的，这些展览对展场的硬件要求不会特别高。但是要做毕加索、莫奈这种高端艺术、高价值的特展，以上的这种空间在硬件上是根本没法符合要求的。

贾布：您认为这个问题有什么解决的出路吗？

谢定伟：总的来说，我觉得场地的问题在今后几年应该会有好转，可以做高端特展的场地会越来越多，像徐汇西岸那里的龙美术馆、余德耀美术馆，还有西岸今后准备建造自己的美术馆。现在他们的问题是人流不足，但相信那块地方迟早会热起来的。

传统商业现在要转型，已经存在的商场，想要在里面改建出一个符合高端特展标准的场地是很困难的。除非是像震旦博物馆这样，有魄力大刀阔斧地改建，请了安藤忠雄来重新设计，虽然展馆面积不大，但设施是很专业的。在上海，这种写字楼里的美术馆，震旦博物馆是唯一最专业的场馆。一般在已经盖好的商业空间里，能下这种决心的不多，这主要取决于业主。

另一种是现在正在兴建的商业综合体，有一些也在考虑将来想做高端的艺术特展，并在设计的时候就按照专业美术馆的要求来设计。

所以关键的问题不是说你是在商场里还是在美术馆里办展，而是这个场馆是否是为专业的艺术展览而建设。比如日本东京六本木的森美术馆，也是建在一个商业大楼里，但是全世界任何一个美术馆、博物馆都不会质疑森美术馆的专业性。在经营上，商场对美术馆或展览收的租金不应该按商铺一样的标准。就像引入台湾诚品书店的概念一样，用一个商场来养一个专业的美术馆，用这个馆来为商场带动人气，这是一个循环。

贾布：您如何判断特展市场未来的发展？

谢定伟：作为文化消费的一个类型，特展的市场已经初步显现了，从莫奈展的 40 万人就能看出来。另外，市场的发展要靠服务，特展也是一样。增长空间还很大，离顶点还差很远。

>02

数据

调查统计显示，目前上海特展观众规模约占上海总人口的18%，约为430万人，其中，20~30岁是最为活跃的观展人群；微信朋友圈是最主要的获知展讯和分享观展经验的方式；观众对100元以上票价已经有了一定心理准备。

作为一个正在兴起的产业，特展甚至扩大到整个文创展览行业，都缺少成熟可靠的数据统计。现有数据要么是宏观地评估综合城市文化发展水平，要么是聚焦于一些具体的成熟市场，比如展会行业、电影行业、演出行业等。这些行业数据在某些维度上与特展行业或有关联，可以在做宏观的行业对比时引用。但因为不同行业所牵涉到社会资源或行业所面向的消费者类型本身存在较大差距，则无法将其他行业数据作为特展行业的参考。

本书的数据研究明确聚焦于特展产业。参考了一些成熟的评估模型，我们的调研基于“供应”和“消费”两个维度展开。

供应是指行业规模。本次研究对上海 2014 年文创展览进行了行业规模的摸底调查，包括展览数量、展览内容、展览周期、展览场地及展览票务等多方面，并形成一个庞大的文创展览数据库。在此基础上，根据特展的一般概念，选择出具有特展性质的展览进行集中分析。在这部分的分析中，我们不聚焦于具体数字，而是希望在此数据的基础上可以观察到特展的形势与发展机遇，以期使目前的文创展览行业的业态更加明朗化。

消费是指特展观众。特展的概念界定可以提供一个相对明晰的研究范围，使得我们能够捕捉到典型的特展观众（而非穷举所有观众）。此部分调研中包括观看特展的消费者总量及其人口学特征，同时，对消费者行为偏好、价值观偏好以及消费习惯等也都进行了定量研究。希望能为行业内各产业链上的参与者提供参考信息、为将来的特展产品开发摸索出可能的方向与趋势。

虽然本书的内容跨度是 2014~2015 年，但是为了便于后续每年的数据对比，本部分仅统计了 2014 年的数据。

供应——行业规模

>>

研究方法说明

>>>

研究范围

-

这是一项针对特定领域、特定地域、特定时间的研究。

领域：文创展览。包括艺术、设计、动漫卡通、时尚生活、品牌文化输出等五个类型。

地域：中国上海市各行政区。

时间：2014 年全年。其中包括开展于 2013 年且展期延续到 2014 年的相关展览，以及开展于 2014 年且展期延续到 2015 年的相关展览。

研究方法与数据来源

-

行业规模从展览总量入手，主要调查展览内容和展览场地，辅助以展览周期、票价等数据，形成多种具有参考价值的交叉对比。

行业规模的数据收集方法是桌面研究，通过地毯式的互联网搜索抓取属于研究范畴的展览信息，包括艺术信息类网站①、在线票务销售平台②，以及活跃的自助式文化艺术活动

①包括但不限于雅昌艺术网、ARTLINKART、99艺术网、艺术国际、今日艺术网、艺术眼等。

②包括但不限于格瓦拉生活网、大众点评网、美团网等。

信息发布平台[1]。之后再结合展览举办场地方或主办方的官网公示信息进行复查校验，去除重复项，同时补充公开平台上缺失的信息。当公开信息与主办方或场地方官网信息不一致时（大多数的不一致信息集中在展览时间与票价上），我们一律采信主办方的官网数据。

这是一项穷举了公开信息资源的统计，但我们仍然无法确保它是完全的。未被纳入统计的应该是一些规模过小、声量过低的展览。因为我们搜集展览数据的最终目标是特展研究，也就是那些一般来说都具有一定规模与声量的展览，相形之下，过小规模展览的数据不完整对我们最终的研究并不造成本质影响。

展览内容
>>>

本次调查统计到的 2014 年在上海举办的文创展览共计 820 个。根据内容，我们将这些展览划分为艺术、动漫卡通、设计、时尚生活以及品牌文化输出等五类。

从展览内容所涉及的领域而言，为数最多的艺术类展览，共计 725 个，超过展览总量的 80%。其次，设计类展览和时尚生活类展览分别为 35 个和 34 个，各自总体量的 4% 左右；动漫卡通类展览共计 21 个，达到 3%；还有 1% 的展览属于品牌文化输出的领域，共有 5 个。

后文我们将对各类展览的分类依据进行解释，对统计数据进行解读。

①包括但不限于豆瓣。

2014 年上海文创展览各领域展览数量

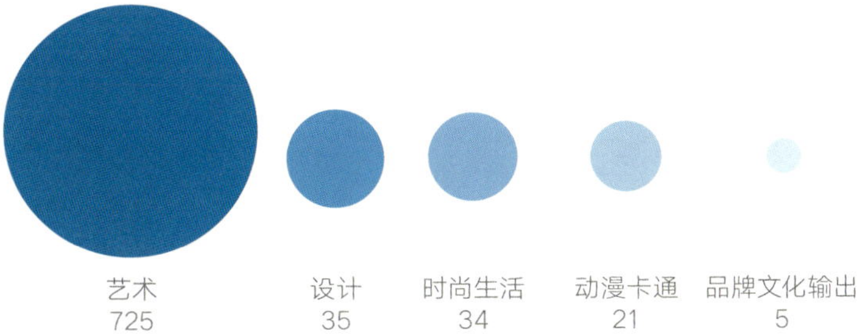

艺术：为数最多的是艺术展览，共计 725 个，超过展览总量的 80%，其中包括绘画、雕塑、摄影、装置和多媒体等各艺术门类。这个数据毫无意外，在所有文创类内容的展示中，艺术本身最具展示特性，也拥有悠久的展示历史和丰富的展示经验。由于艺术类展览数据过于庞大，情况也更加复杂，我们在后文还将对艺术类展览进行二级分类。

设计：设计类展览有 35 个，占总量的 4%。设计类展览数量虽然不多，但内容却颇为复杂，涉及的门类很多，主要包括建筑设计、工业设计、时尚设计及平面设计等。设计本身是功能性而非展示性的，各种设计门类的展示方式也各有不同。

建筑设计。建筑本身是不可作为展览物品被展示的，所以建筑类展览大多表现为建筑图片、建筑模型、或是建筑模型与装置艺术的结合。另一种是建筑师利用其对城市与空间的理解进行装置艺术跨界创作，这类基本可以划归当代艺术的范畴了。

因为建筑本身多关乎城市发展、人类生存等宏大的社会议题，近年来建筑界与艺术界人士频繁跨界合作，明星建筑师也多以社会学者的身份介入公共话题，这导致建筑类展览普遍具有很强的特展属性。建筑展的话题拓展性很强，它一方面容易得到媒体关注并产生相当大的媒体曝光，而另一方面这些通常学术性很强的展览一般较难获得公众认可。这类展览中，如日本建筑师篠原一男的个人回顾展“篠原一男”①。

工业设计。相较于建筑，工业设计同样是功能性非常强，而其设计成果多以已经批量生产的工业产品为主，工业设计的展示多是以博览会（Fair）的形式呈现，如时尚家居展、设计上海等。在这个高度商品化的领域里，为数不多的展览通常具有较高的实验性与观念性，如“晒上海——概念设计展”②。

时尚设计。与工业设计类似，时尚设计的商品属性非常强，商业销售的展示系统也极为发达，因而，时尚设计类的展览数量非常少。有一些具有极高国际知名度的服饰品牌会举办高规格的特展并且形成极高的社会关注，这类展览我们划分在品牌文化输出类并在后文进行分析。

平面设计。平面设计类的展览一般包括海报设计及书籍装帧设计等，平面设计受限于体量等方面的原因，一般出现在综合类的展览之中。

时尚生活：在上海，时尚生活类展览是近几年新出现的，种类与主题极为丰富，这类展览大多与日常物质和情感生活有关，他们大多贴有年轻、流行、时尚、都市之类的标签。包括怀旧收藏展、情感生活类的物品展、娱乐主题类的互动展等，如“失恋展”。

动漫卡通：动漫卡通类展览共计 21 个，占总量的 3%。这类展览多是以公众认知度很高的经典动漫形象为主角，在其原有的故事线索与形象基础上衍生出来的。其表现形式包括动漫绘画原作展示、动漫形象的立体雕塑，或是在原有动

①上海当代艺术博物馆，2014年4月20日~6月22日。

②设季荟·拉法耶艺术设计中心，2014年11月19日~2015年1月3日。

漫故事的基础上创作的新故事。动漫卡通类展览因其世俗化与娱乐化程度太高，通常很难进入美术馆展示体系。也同样因其高度娱乐化的特征而与主推零售业的商业综合体形成天然的结合，如“跨越时空的爱——Hello Kitty 40周年特展”。

品牌文化输出：我们在此所定义的品牌文化输出是指品牌方展示自己的经典产品、或以产品与艺术相结合的方式来展现其品牌文化。它区别于品牌赞助的展览，也区别于具有一定艺术气息的商场活动。

虽然品牌赞助文体活动早已形成一套成熟的运作模式，品牌赞助也必然有其展示、传播品牌文化的目的，但品牌赞助的展览并不列为品牌文化输出类特展，这一方面是因为品牌的核心价值并没有在展览中作为内容被体现，另一方面也是因为绝大部分的文体活动都有品牌赞助，如“不朽的梵高”宣传时的名称是“凯迪拉克·不朽的梵高——感映艺术大展”，如果将此类展览列为品牌文化输出会导致分类失去意义。

品牌文化输出类特展还要区别于一些品牌在自己店铺中举办的艺术展，虽然很多商铺的展陈方式艺术性很高，也有商铺会在销售空间中摆放艺术作品，但我们通常也不将之列为特展。

事实上，通常都是那些历史非常悠久的、品牌文化积淀与公众认知度非常高的品牌才会举办展览，而且基本集中在国际一线的奢侈品品牌。这些品牌的产品是完全消费性的，他们选择的展览场地基本以美术馆为主，很少有在商场内办展的。如上海当代艺术博物馆举办的“瞬息 · 永恒——卡地亚时间艺术展”。

艺术类展览

艺术是文创展览中毫无疑问的大户，为了更清晰地看到此类展览的数据，我们对艺术展览进行二级分类。

对艺术类可以进行多种维度的划分，比如，按最常见的艺术表现形式分为绘画、雕塑、摄影、影像、装置、多媒体等，或按照艺术理念分为当代艺术和传统艺术，或按参展艺术家的国籍身份分为国内艺术和国外艺术，不一而足。任何一种分类逻辑都会遇到如今高度跨界融合的展览趋势的挑战，为数甚巨的群展中通常会包括多种艺术形式，有不同国籍的艺术家参与。

我们最终采用了将地域与时期交叉分类的方法，分为中国传统艺术、中国现当代艺术、外国传统艺术、外国现当代艺术。其中，中国艺术以20世纪初为模糊分界点，之前为传统，之后为现当代。外国艺术以印象派时期为模糊分界点，之前为传统，之后为现当代。

展览中同时包含有中外艺术、传统和现当代艺术时，会被同时列入相应的分类，也就是说，在这个分类逻辑下，有一些展览是重复计数的。

2014 年上海艺术类展览细分

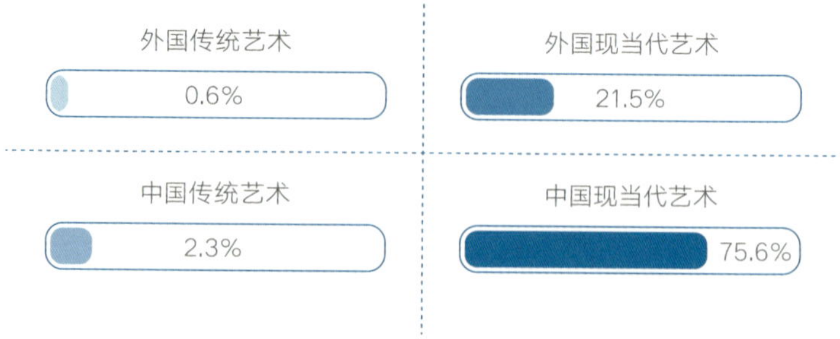

在 725 个艺术类展览中，传统艺术与现当代艺术的数量差异非常显著，前者在所有艺术类展览中仅占约 3%，这 3% 中又有两成是外国传统艺术、八成是中国传统艺术。这组数据非常容易理解：传统艺术本身是不可再生的艺术资源，大量有价值的传统艺术品已经保存在中外的博物馆与美术馆之中作为其常设展示，流动性很低。所以，中外传统艺术特展的数量虽然很小，但基本都是大型特展。

现当代艺术展在数量上是绝对大户，两类加起来占到艺术类展览总量的 97.1%。这类展览大部分是在画廊中举办，我们通常不把画廊中举办的艺术展视为特展，因为其运营模式是出售展出的作品，或者说，大部分画廊展览的真正目标是收藏家，而非普通观众。

展览场地
>>>

2014 年全年在上海举办的文创展览，总共涉及到的展览场地是 233 个，这个数字中剔除了公共空间。后文将会就场地性质、展览领域、场地分布、场地活跃度等各类细项进行交叉对比。

需要说明的是，之前也有一些对上海展览空间数量进行的统计，但因统计的目的、标准与本书不同，数据可能会有较大出入。此处罗列一些作为参考。

根据上海统计局发布的信息，上海的博物馆、纪念馆共计 100 个，分别是综合类 12 个、历史类 40 个、艺术类 10 个、科学技术类 2 个，其他 36 个[①]。

另一项数据[②]显示，上海共有博物馆（含陈列馆）114 家，

①上海市统计局，《上海统计年鉴（2014）》，文化与体育：博物馆、纪念馆情况。

②黄昌勇、夏洁秋、徐一文、章超，“上海国际文化大都市建设评估研究”引自《上海文化发展报告（2015）》。

其中国家博物馆 27 家，其他博物馆 87 家。国家级博物馆中，有一级博物馆 3 个，分别是上海博物馆、上海鲁迅纪念馆和中共一大会址纪念馆。艺术类博物馆占博物馆总量的比例仅为 5%。这项统计还将美术馆和画廊合并计算，总数是 208 个。

场地性质

特展区别于传统展览的重要特征之一就是展览场地的多样化，不再局限于美术馆、画廊等传统艺术展示场馆，而是拓展到了商业综合体、商店和街头。根据 2014 年上海实际举办的文创展览，我们将 233 个场地按照性质划分为公立展示馆、民营美术馆、画廊、商业综合体、小型展示空间和非专业展示空间。公共空间也是一类重要的展览场地，但其数据未予统计。

2014 年上海文创展览的场地类型

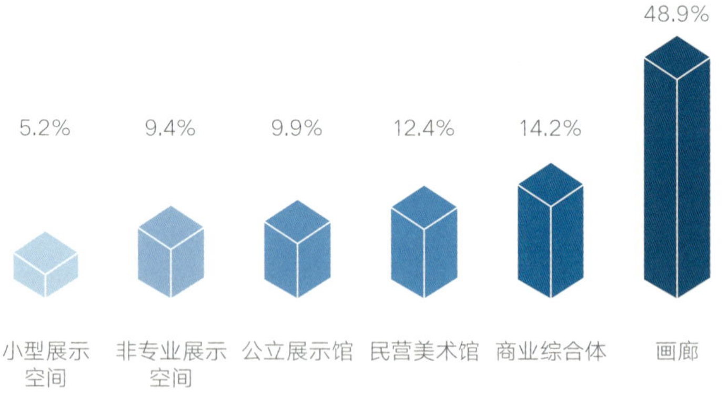

画廊的数量毫无疑问地占比最高，共计 114 家，接近总量的一半。艺术品市场的发展激发了上海画廊行业的蓬勃发展，并从中涌现出一批非常优秀而活跃的画廊，如香格纳画廊、没顶画廊、沪申画廊等。

商业综合体共计 33 家，约占 14%。商业综合体办展是近几年出现的新趋势并且正在快速发展，有的商业综合体中有独立的展示空间，如上海 K11 购物艺术中心，有的则是利用商场的中庭和室外空间举办展览，如大悦城和新天地等。

公立展示馆占总量的 12% 左右，统计到的有 29 家。公立展示馆是指由政府建设和运营的场馆，除了上海博物馆、中华艺术宫、上海当代艺术博物馆这类专业的艺术展示馆外，还包括市、区级的美术馆、文化馆、图书馆等，以及一些行业博物馆。前者如上海多伦现代美术馆、朱屺瞻艺术馆、上海图书馆、浦东图书馆、上海市群众艺术馆等，后者如上海城市规划展示馆、上海电影博物馆、上海玻璃博物馆等。

对公立展示馆形成有力补充的是民营美术馆，上海的民营美术馆在本次统计中共有 23 家，占总量的 10% 左右。其数量不多，但质量颇高，早些年成立的有上海当代艺术馆，后来有上海民生现代艺术馆，以及最近几年在徐汇滨江区域出现的龙美术馆和余德耀美术馆。民营美术馆由民间资本出资建设和运营，并且符合专业美术馆的硬件标准，有专业的管理团队，一般都收取门票。

非专业展示空间占 9% 左右。我们在此定义的非专业展示空间是指其他业态的经营性小型空间，例如酒店、咖啡馆、商店等。展览场地通常就在其商业经营场地之中，没有专业的展示空间和设备，展示面积通常较小。

小型展示空间约 5% 左右，主要是指由院校、基金会等支持的非营利艺术机构，相较于民营美术馆，其规模一般较小，通常也不收门票。如视界艺术中心、上午艺术空间等。

最后，没有被纳入数据统计的公共空间主要是指城市广场、绿地公园、街道等市政公共空间。之所以在统计中剔除了这个类别，主要是因为此类空间常因缺少明晰的地域范围界定而难以进行严格的数字统计。比如“2015 奔牛·上海——

大型城市公共艺术展”在全市多个广场、街道中巡回展示，而这些场地无法进行数据统计。

场地性质与展览领域

因为展览领域的分布极不均衡，艺术类展览数量占到文创展览总数的八成以上，为了便于比较分析，我们将分为艺术类与非艺术类两个大项。

艺术类

2014 年上海文创展览在各性质场地中的分布比（艺术类）

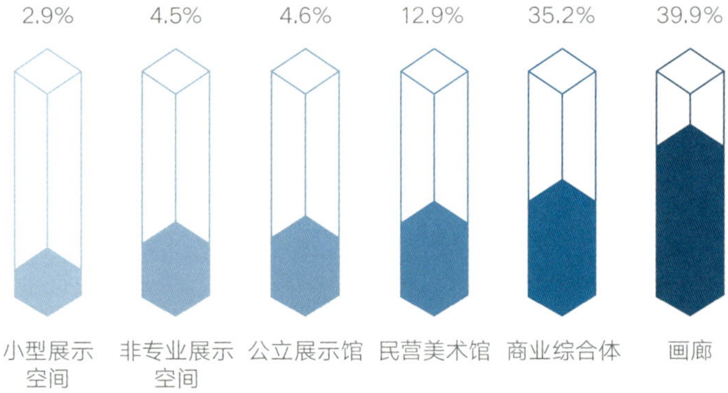

在公立展示馆中举办的艺术类展览有 253 个，占总量的约 1/3。其中，作为上海最大的专业公立美术馆，中华艺术宫举办了 43 个展览，是所有场地中办展最多的；上海当代艺术博物馆有 9 个，以常设展为主的上海博物馆举办过 6 个短期展览。

图书馆也是艺术类展览的重要举办场地，其中上海图书馆 42 个、浦东图书馆 19 个、长宁区图书馆 12 个，多为个展、纪念展或是传统文化器物的收藏展。从展览内容细分来看，绘画类是绝对主体，间或会有影像、摄影等类别。

其他中小型美术馆中，办展数量以朱屺瞻艺术馆和刘海粟美术馆为多，前者 24 个、后者 20 个。此外，上海多伦现代美术馆（13 个）、上海徐汇艺术馆（15 个）、上海油雕院美术馆（8 个）、上海电影博物馆（4 个）、上海城市规划展示馆（7 个）、上海市群众艺术馆（15 个）也都举办过不同类型的艺术展示。

如果聚焦到特展的范围来重新梳理在这些展馆中举办的艺术类特展，活跃度则会重新排列。上海当代艺术博物馆虽然展览数量不多，但基本都是规模大、策划性强的特展。其次是中华艺术宫和上海博物馆。其他类型的公立展示馆中，特展比例相对很低，其规模与影响力也较弱。

画廊中举办的艺术展览共有 287 个，占总量的 1/3。大量画廊以代理经营国内外当代艺术家的作品为主，这使得画廊成为活跃度和丰富度都极高的艺术展示空间，展出作品形式非常多样，几乎包括了所有的艺术形式。但因画廊本身是以艺术作品销售为营运模式，其间举办的展览绝大部分都不具有特展属性。

民营美术馆中举办的艺术类展览共有 93 个，占总量的约 12.9%。上海民营美术馆的数量并不多，但在展览方面都非常活跃。龙美术馆的浦东和西岸两馆加起来有 29 个展览，包括收藏作品的主题展示、与第三方合作的临时性展览，以及策划或引进的主题特展。

浦东的上海喜玛拉雅美术馆举办了 16 个展览，是单馆办展最多的民营美术馆。其他如上海当代艺术馆、上海震旦博物馆、上海外滩美术馆和华侨城当代艺术中心上海馆等，也都保持着年均 5~10 个展览的稳定办展频率。

商业综合体、小型展示空间和非专业展示空间在艺术类展览中占比例极低，各约占 5%。这些场地举办艺术类展览的目的通常都是为了带动人流、提高商业场地的文化附加值，所以举办的展览通常规模不大，并且会着意选择一些公众影响力更大的展览题材。

非艺术类

在非艺术类展中，不同场地性质与展览领域之间的交叉对比会出现一些非常明显的特点。

2014 年上海文创展览在各性质场地中的分布比（非艺术类）

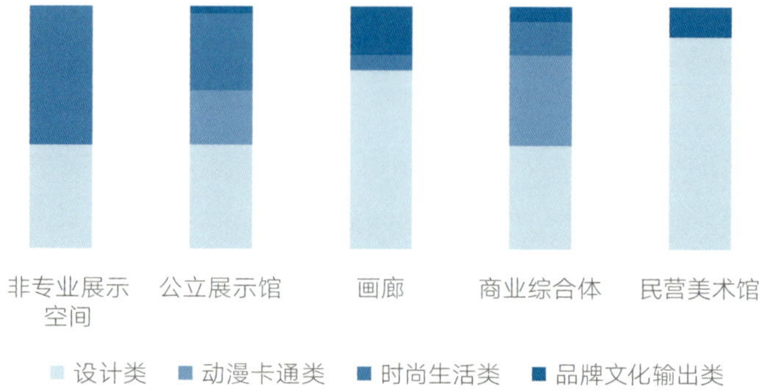

设计类展览出现在各种性质的展览场地中，并且占比不低，尤其是民营美术馆和画廊的展览中，设计类的比例超过70%。设计展能够“通吃”，是因为这个概念本身有非常强的包容性，在内容上覆盖了建筑、时尚、平面、工业设计等各个细项。

时尚生活类展览同样覆盖了各种性质的场地，数量上以公立展示馆和非专业展示空间为多，但这两类场馆对“时尚”与“生活”的理解大不相同。公立展示馆更多聚焦于本地文化与历史，如“百年上海舞台记忆——戏曲说明书展”①。非专业展示空间的内容和主题往往更贴近普通市民的日常生活，如“来自星星的小伙伴——上海怀旧玩具收藏展”②。

品牌文化输出类展览的数量最少，是因为大量在商业综合体及非专业展示空间中举办的带有品牌营销性质的活动没有被我们列入展览进行统计。统计的展览中多为品牌知名度和影响力较大、展览活动的策划性或艺术性相对较强的。这其中，2014 年中最有影响力的是“瞬息 · 永恒——卡地亚时间艺术展”。

①上海宝山国际民间艺术博览馆，2014年4月29日~6月10日。

②城隍庙藏宝楼，2014年6月24日~8月22日。

最后，动漫卡通类展览在场馆性质上的覆盖度最低，在公立展示馆中有上海群众艺术馆、上海图书馆等场地曾经举办过此类展览，其他的近 20 个动漫卡通类展览基本都集中在上海的各大商业综合体中。

场地分布与场地活跃度

统计中的 233 个展览场地在上海各个行政区中的分布非常不均衡。黄浦区的场地最多，为 52 个；徐汇区及普陀区分别为 43 个、41 个；浦东新区 23 个；长宁区 18 个；虹口区和静安区均为 12 个；其他行政区的数量较少。场地数量的分布情况基本上从高到低由城市中心向周边区县辐射，这也基本符合城市在各区县中的交通、商业、文化等多方面的战略资源分配。

2014 年上海市各区县文创展览场地活跃度

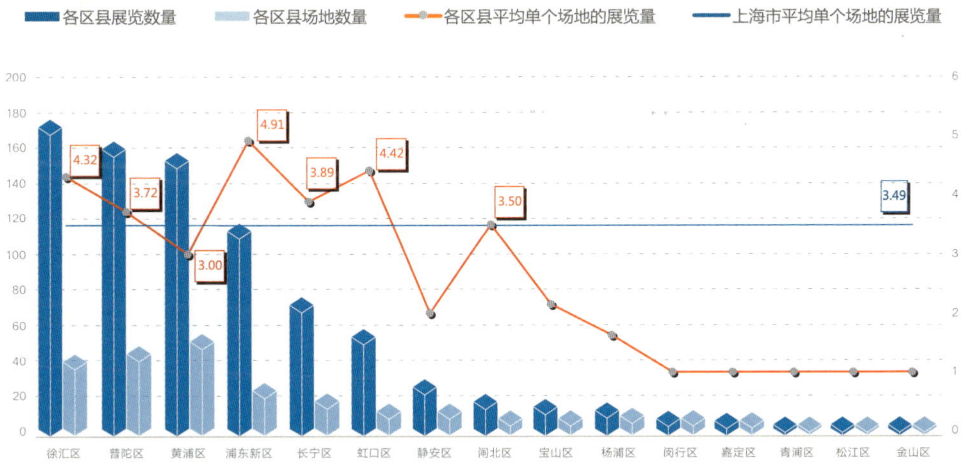

在统计场地数量的同时，我们还根据各区县文创展览的数量建立了活跃度指标。

各行政区场地数量与活跃度整体呈正相关分布，但在个别行政区有差异。浦东新区、虹口区和徐汇区的活跃度最高，每个场地单年平均超过 4 个展览活动。展览场地数量最多的黄浦区的活跃度低于 3.49 个展览 / 场地 / 年的平均水平，平均约为 3 个展览。静安区单个场地平均一年举办 2 个展览，其活跃度与宝山区相近。静安区与闸北区相比，静安的场地更多、但活跃度更低，闸北区达到了高于全市平均水平的 3.5 个展览 / 场地 / 年。

场地性质与场地分布

如果在前面场地分布及活跃度的数据上再增加一个维度：场地性质，那我们就可以更清楚地看到上海各行政区的展览多样化的情况。

徐汇区、黄浦区和普陀区不仅展览场地的数量多，场地性质的覆盖也最为丰富全面。青浦、松江、金山三区在本次统计中均只捕捉到一个场地，分别是青浦区的上海证大朱家角艺术馆（民营美术馆）、金山区的易家中心（商业综合体）和松江区的上海松九商城（商业综合体）。

2014 年上海市各区县不同性质的文创展览场地分布比 (除公共空间)

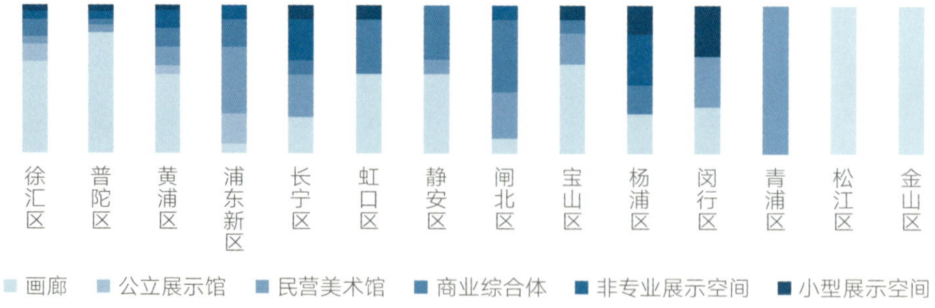

从不同性质场地的区域覆盖度来看，商业综合体和画廊所覆盖的区县相对最广。画廊在12个区中出现，在徐汇、普陀和黄浦三个区的分布比重最大，其中普陀区的画廊占比远高于其他性质的场地，这主要得益于M50创意园及其周边。商业综合体作为文创展览空间的新势力，覆盖了13个区，但更多地是集中分布于徐汇区（如上海环贸iapm商场、上海美罗城）、黄浦区（如上海K11购物艺术中心、上海新天地）和浦东新区（如上海正大广场、浦东嘉里城）这样的中心城区；而静安区和闸北区内的商业综合体数量虽然不是最多，但在各自行政区内的占比却很大。

相对而言，除了上海当代艺术馆外，近些年新出现的民营美术馆大多伴随着地产区域开发，如上海喜玛拉雅美术馆与花木板块，上海二十一世纪民生美术馆与世博板块，龙美术馆（西岸馆）、余德耀美术馆与西岸板块。

热门场地
>>>

我们调查并梳理了2014年沪上热门的展览场地信息，其中涉及到10家博物馆/美术馆（包括公立和民营）和6家商业综合体。

场地信息中主要包括博物馆/美术馆的常规展示面积及临展面积，以及商业综合体的可用展示面积，同时也涵盖了地址、交通、停车位及费用、商业定位及业态分布（针对商业综合体）等其他基本情况。

由于各方面原因，个别信息暂时无法捕捉。

博物馆 / 美术馆

上海博物馆

区域：黄浦区	地址：人民大道 201 号
1、2、8 号线 人民广场站 P 10 元 / 小时	**展厅面积：F1~F4，11000 平方米** **临展面积：不详** 上海博物馆地处市中心人民广场南侧位置，交通十分便利，周边配套设施十分成熟。上海博物馆具有丰富的文物馆藏，每层都设有常设展馆，展示不同种类的文物。临展面积并不大，均用于自主举办的特展，主题也同样以中外古代艺术展览为主，如：“安纳托利亚文明：从新石器时代到奥斯曼帝国”、“周野鹿鸣——宝鸡石鼓山西周贵族墓出土青铜器展”等。

中华艺术宫

区域：浦东新区	地址：上南路 205 号
8 号线 中华艺术宫站 P 20 元畅停	**展厅面积：多层，68000 平方米** **临展面积：不详** 中华艺术宫由原上海世博会中国馆改建而来，随着世博会结束后对周边配套设施的重新规划，娱乐餐饮不断增多，人气逐渐提升，交通方便。场馆拥有35个展厅，展览以近现代艺术为主，举办的展览有：“鲁本斯、凡·戴克与佛兰德斯画派——列支敦士登王室珍藏展”、“蒙卡奇和他的时代：世纪之交的匈牙利艺术”等。

上海当代艺术博物馆

区域：黄浦区	地址：花园港路 200 号
4、8 号线 西藏南路站	展厅面积 / 临展面积：F1~F7，11000 平方米

上海当代艺术博物馆位于浦西世博区，由原南市发电厂老厂房改建而来，场馆周边的配套休闲设施比较少。作为中国大陆第一座公立的当代艺术馆，整体建筑外观和内部陈设简洁有现代感。场馆临展面积达到 11000 平方米，各式展厅共 14 个，适合多种类型展览的陈列展示。举办展览主要以当代艺术、设计类为主，如：“社会工厂：第十届上海双年展”、“蔡国强：九级浪”等。

上海喜玛拉雅美术馆

区域：浦东新区	地址：樱花路 869 号
7 号线 花木路站 P 10 元 / 小时	展厅面积 / 临展面积：F3~F4，3000 平方米

上海喜玛拉雅美术馆处于喜玛拉雅中心的 F3 层、F4 层，建筑内设有商场、餐饮、影院等休闲娱乐配套，吸引周边区域人群，虽地理位置偏远，但轨交临近。喜玛拉雅中心由日本建筑师矶崎新设计。美术馆两层展厅共 3000 平方米，举办的展览注重传统与现代、中西方的文化交流与发展，如：“随心而行：肖恩 · 斯库利艺术展，1964~2014 伦敦 | 纽约”、“时间节点——中国 · 一九八零年代的水墨景观”等。

上海城市规划展示馆

区域：黄浦区 | **地址：人民大道 100 号**

1、2、8 号线
人民广场站

展厅面积：F1~F4，7000 平方米
临展面积：F1 大厅，约 800 平方米左右
F2，799 平方米
F3，191 平方米

上海城市规划展示馆位于市中心人民广场，多条轨交都可以到达，紧邻人民公园，作为展示上海形象的专业性场馆，场馆展厅主要用于展示上海城市的历史风貌和整体规划。举办展览多以文化艺术类为主，如："芬芳土地——2014 中澳原住民艺术展"、"因为流动，所以相遇——当代古巴艺术展"等。

上海当代艺术馆

区域：黄浦区 | **地址：南京西路 231 号**

1、2、8 号线
人民广场站

展厅面积 / 临展面积：F1~F2，1800 平方米

上海当代艺术馆位于南京西路人民公园内，原址是人民公园内的温室，在改建中保留了场馆的外部玻璃墙，内部则进行大规模重建，展陈设施专业。公园景观和生活气息与展馆很好融合。展馆主要用于自主举办展览，从 2005 年建馆之初就积极与国际知名策展人合作，展现中外当代艺术的潮流和走向，注重艺术与品牌的跨界合作。颇具影响力的展览有："迪奥精神"、"草间弥生——我的一个梦"等。

龙美术馆（西岸馆）

区域：徐汇区

地址：龙腾大道 3398 号

7 号线
龙华中路站

价格不详

展厅面积：B1~F2，16000 平方米
临展面积：不详

龙美术馆（西岸馆）位于徐汇滨江，场馆建于以前的运煤码头，设计采用独立墙体，并且与原有的建筑结构相结合，内部的结构非常宏大。展厅共三层，B1 层为常设展示空间，地上两层，空间开阔，颇具现代感，适合装置类、雕塑类等展览。举办展览有："开今·借古——龙美术馆（西岸馆）开馆大展"、"建筑之外 · 弦外之音"等。

龙美术馆（浦东馆）

区域：浦东新区

地址：罗山路 2255 弄 210 号

7 号线
花木路站

展厅面积 / 临展面积：F1~F3，10000 平方米

龙美术馆（浦东馆）处于花木地区，周边是高档住宅区，生活娱乐配套略显不足。建筑外部白色墙体简洁、醒目，面积相较西岸馆略小，F2 层和 F3 层分别有红色题材和中国传统艺术主题的常设展区。F1 层设有临展区，展览多以现当代艺术类为主。举办展览有："2014 年中国国际装置艺术展"、"破 · 立——新绘画之转序"等。

上海民生现代美术馆

区域：长宁区

地址：淮海西路 570 号 F 座

3、4、10 号线
虹桥路站

展厅面积 / 临展面积：F1~F2，2000 平方米

上海民生现代美术馆处于红坊园区内，周围艺术氛围较浓，作为一家金融机构发起主办的美术馆，展馆同样具有公益性的特质，致力于推动中国当代艺术领域的活跃氛围及创作性发展。展馆共有两层，展厅面积共 2000 平方米，拥有多个展厅，适合多种类型的展览展出，举办过的展览有：“新大陆——土耳其当代影像艺术展”、“中国当代摄影 2009~2014”等。

上海外滩美术馆

区域：黄浦区

地址：虎丘路 20 号

2、10 号线
南京东路站

展厅面积 / 临展面积：F2~F5，834 平方米

上海外滩美术馆坐落于黄浦江与苏州河交汇之处的外滩源片区，曾是中国最早的博物馆之一亚洲文会大楼旧址。2007 年经过对建筑内部改造后，内部空间简洁，更具有现代感，配有专业的展陈设备，如今作为公益性的当代美术馆，致力于推动当代艺术领域的文化交流，展馆全年不定期推出具有代表性的中外当代艺术展。展厅共四层总面积 834 平方米，在同类场馆中相对较小，用于自主举办展览，不对外出借。举办展览有：“巴尔提·卡尔：轻罪”、“乌戈·罗迪纳：呼吸行走死亡”等。

商业综合体

上海 K11 购物艺术中心

区域：黄浦区
地址：淮海中路 300 号
商业定位：高端，19~50 岁中产阶级，追求现代生活的社会群体为主

时装配饰 42%
美容护理 12%
生活配套服饰 10%
餐饮 36%

1 号线
黄陂南路站

约 270 位
15 元 / 小时

总楼层：B3~F6
展厅：B3 艺术空间，2000~3000 平方米
中庭：无
外广场：F6，共 200 平方米，左右对称各 100 平方米

源自香港的K11购物艺术馆，从设计之初就将艺术、人文和自然等元素融入到了购物环境中，设有独立艺术展示空间和艺术团队，不定期举行艺术展览。B3层独立艺术空间多用于自主举办的艺术展览，对外临展的面积约在300平方米左右。F6层有200平方米的户外展示空间。举办过的展览主要以当代艺术为主，如：“金氏彻平：卓之物当”、“韩国当代设计展——TICKET TO SEOUL”等。

上海大悦城

区域：闸北区
地址：西藏北路 166 号
商业定位：中端，22~30 岁，追求时尚、潮流的年轻女性群体

零售 74%
餐饮 22%
休闲娱乐 1%

8、12 号线
曲阜路站

约 225 位
10 元 / 小时

总楼层：B3~F11
展厅：无
中庭：F1，100 平方米，层高 3 米
F3，200 平方米
外广场：无

大悦城的建造风格给人以潮流、时尚之感，F3 层中庭有 200 平方米的展示面积，F1 层中庭有 100 平方米的展示面积。展览多以动漫时尚为定位，给人以青春活力，可以综合带动周边商铺的人气，并且通过多种途径尝试异业合作。如：“变形金刚 30 周年特展”、“我们都是小王子——中法建交 50 周年特展”、“不可思议多肉主题展览”等。

上海月星环球港

区域：普陀区
地址：中山北路 3300 号
商业定位：中、高端相结合，以 19~50 岁追求现代生活的社会群体为主

零售 64%
餐饮 26%
休闲娱乐 7%
服务 3%

3、4、13 号线
金沙江路站
11、14 号线
曹杨路站

约 2200 位
9 元 / 小时

总楼层：B2~F4
展厅：F4 演艺空间，577 平方米，层高 5 米
中庭：中央大厅，不对外出借
太阳大厅，238 平方米
花园大厅，150 平方米
外广场：南广场，400 平方米

月星环球港主要提倡文、旅结合的经营理念，运用大量文化元素填补空铺位，提升盲点区域的人气，设置不同特色的主题区域，尤其是艺术人文区域，内设有画廊、文创艺术空间、美术馆、博物馆、艺术拍卖等各类艺术文化业态。在购物中心的 F4 层设有 577 平方米独立的艺术展示空间，此外中庭和广场也都可用于对外场地租借。举办展览主要以动漫和时尚生活类为主，如：“跨越时空的爱——Hello Kitty 40 周年特展”、“Robot Kitty 未来乐园”等。

上海新天地

区域：黄浦区
地址：兴业路 123 弄 6-7 号
商业定位：中高端白领消费层

零售 39.3%
餐饮 53.5%
休闲娱乐 11.9%
艺术与文化 10.7%
其他 1.2%

10、13 号线
新天地站
1 号线
黄陂南路站

约 370 位
10 元 / 小时

总楼层：中西结合的多层建筑群构成休闲商业街，共四层的购物中心
展厅：无
中庭：购物中心，200 平方米，层高 5 米
外广场：新天地广场，160 平方米
太平湖公园，600 平方米（陆地），可搭建至 3000 平方米

新天地独特的老上海石库门建筑风格和现代时尚生活方式相结合，休闲文化街区入驻了许多国际画廊、时装店、主题餐馆、咖啡酒吧，中西融合、新旧结合，生活体验式消费是其主要的商业特点。特展以艺术和时尚生活为主，如：“中法手工艺极致对话”、“侦探艺术王国展”等。展示场所主要集中在室内的购物中心中庭、室外的广场和太平湖公园，湖上可搭建至 3000 平方米的展示空间。

静安嘉里中心

区域：静安区
地址：南京西路 1515 号
商业定位：中高端白领阶层消费群，本地市民、外籍人士、游客的聚会场所

服装：45%
餐饮：25%
个护 / 家居：15%
精品超市：8%
休闲娱乐：7%

2、7 号线
静安寺站

约1340位
15 元 / 小时

总楼层：B2~F4
展厅：南区 B1 艺术空间，495 平方米，层高 3 米
中庭：100 平方米，层高 2 米
外广场：南广场，375 平方米

静安嘉里中心以生活体验式服务的理念，十分吸引周围商圈的白领，形成很好的休闲文化生态圈，商场几乎以每月一场的频次推出免费文化活动，丰富空间艺术氛围。除户外广场展示空间外，南区 B1 层拥有 495 平方米的独立艺术空间，举办的活动和展览多以家庭体验式、贴近当下时尚生活类展览和当代艺术展为主，如：“蜡笔达人展”、“起伏不定——观念影像装置艺术展”等。

上海环贸 iapm 商场

区域：徐汇区
地址：淮海中路 999 号
商业定位：高端，年轻高收入人群，“夜行消费”的购物理念同样十分符合年轻上班族的需求

零售 60%
餐饮：30%
休闲娱乐：10%

1、10 号线
陕西南路站

约 800 位
20 元 / 小时

总楼层：B2~F7
展厅：无
中庭：中庭和中厅，不对外出借
外广场：不对外出借

上海环贸 iapm 商场的内部装潢、设计、色调等都十分年轻，给人以放松轻快的感受，中庭时常自主举办各种展览，场地并不对外租借，展览主题同样以动漫和时尚生活类休闲娱乐为主，如“史努比 · 花生漫画 65 周年变 · 变 · 变 · 艺术展”等。

展览周期

>>>

展览周期的分布上，展期在 31~60 天的展览占大多数，超过了展览总量的 30%，共计 272 个；其次是 16~30 天的展览，约占展览总量的 24%；6~15 天的展览共计 105 个，约占总量的 13%；展期在 1~5 天的展览，占总量的 7%；展期超过 100 天的展览数量最少，只占总量的约 4%。

通过展览周期与展览内容所属领域的交叉对比可以看出，艺术类展览在各阶段展期中的分布相对比较均匀，动漫卡通类展览平均分布在 16~100 天之间的三档展期里。

将文创展览中的特展抽离出来单独进行比对后可以看到，特展明显地集中在 61~100 天的中长展期里。这种展期设置与特展的运营模式紧密相关，高额的展览成本通常需要较长展期，以通过票房和衍生品销售来回收成本。

2014 年上海文创展览周期梯度分布

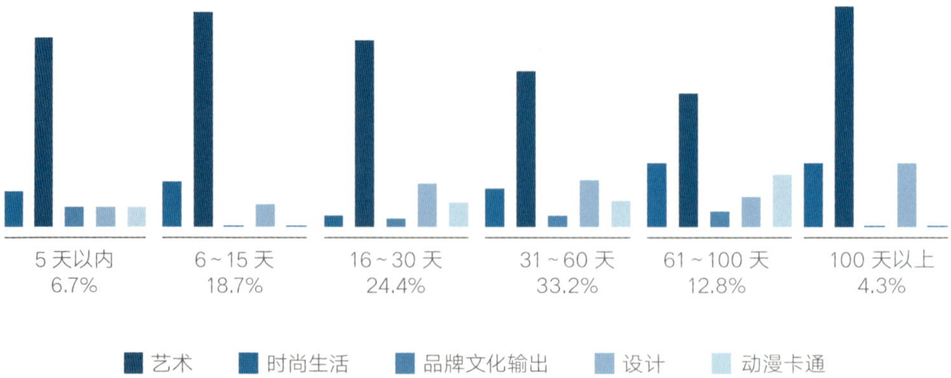

展览票价

>>>

对展览票价的统计依据是全额票价，排除了如展览预售票，有折扣的学生票、老年票，以及时段优惠、团体票等。票价梯度分为免费、20元以内（低价位区间）、21~60元（中等价位区间）、61~100元（中高价位区间）以及100元以上（高价位区间）。

2014年上海举办的820场展览中，704场为免费展览，约占总展览量的86%。

2014年上海各性质场地内免费文创展览占比

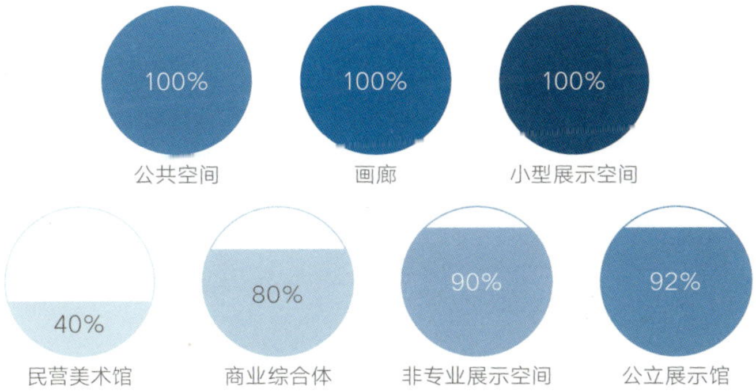

出于经营性质与办展目的等原因，画廊和小型展示空间举办的基本都是免费展览。公共空间因为现场管理等因素的制约一般无法进行售票。可能会引起争议的是上海世纪公园内举办的“大黄鸭”展。10元门票是公园的常规票价，园方虽然因为“大黄鸭”而吸引了更多人流，但并未因此提高门票价格，所以也计为免费展览。

公立展示馆、非专业展示空间和商业综合体等场地以免费展览为主体。其中，非专业展示空间的收费展览主要以贴近普通市民日常生活的时尚生活类展览为主，且多为 100 元左右的中高价位区间；公立展示馆因为其场地的公益性质以及国家政策的限定，常设展或小型展基本都是免费的。在其收费展览中，最常见的是 21~50 元的中低区间票价，涵盖了艺术、设计、相对较有人文积淀的时尚生活类展览。

民营美术馆由于其自身的运营模式，超过半数的展览场地都会收费，票价一般在 50 元以内。而商业综合体的收费展比例虽然不如民营美术馆高，但其票价的上限往往高出很多。

2014 年上海文创展览票价梯度总分布　　2014 年上海各领域文创展览票价梯度分布

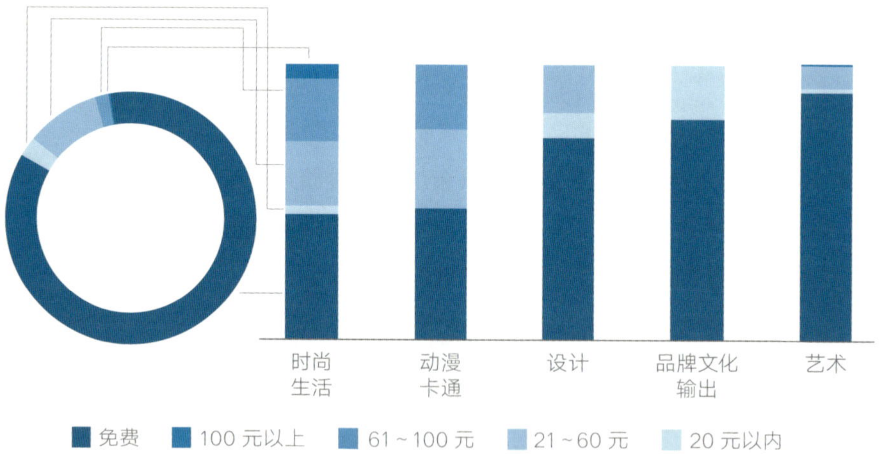

20 元以内的展览共计 21 个，占收费展览的 18%。主要集中在中华艺术宫、上海当代艺术博物馆等公立展示馆中，民营美术馆中，上海民生现代美术馆的基本票价为 20 元。

21~60 元的梯度是主流票价，共计 78 个，约占收费展览的 68%。在此票价范围的场馆以民营美术馆、公立展示馆和商业综合体为主。其中，民营美术馆的票价又以 50 元为主，公立展示馆以 20 元为主，这两者的票价都相对比较稳定，属于基础票价，不太会受展示内容的影响而波动。商业综合体的展览票价根据展览内容不同而总体浮动非常大，从免费展到百元以上的展览都有涉及。

61~100 元的展览共计 15 个，占收费展览的 13%，除了上海 K11 购物艺术中心的“印象派大师·莫奈特展”属于艺术展之外，其他基本都集中在动漫卡通、时尚生活两个领域。

100 元以上的展览只有 2 个，在收费展览中的比例也不到 2%。2014 年，100 元以上的展览是一些互动体验极高的展览，带有游乐场或嘉年华的性质。

尽管高价位门票的展览在总数中占比非常低，但在针对特展消费者行为和态度的研究中，我们发现消费者对于 100 元以上票价的有一定的心理接受程度，且对于 150 元以上的票价也做好了一定的消费准备；其切实的消费意愿主要取决于展览的内容本身。我们将在之后的消费研究中进一步分析。

这一票价趋势在2015年已经举办的展览或已经公布票务信息的展览中也得以体现：已经举办的“不朽的梵高——感映艺术大展”全额票价为150元/人，还未举办但已经开始售票的“乾隆号，下一个江南——跨媒体艺术展”的双人预售通票为240元。尽管如此，各主办方也越来越多地采用了早鸟票（Early Bird）、多人票等预售优惠或量多优惠等形式。其中，预售票的形式在降低实际票价以贴近观众预期的同时，也是一种有力的早期宣传手段，更是一种对观众量的有效预判。

如果按照展览领域重新梳理票价的分布情况，品牌文化输出类展览门票收费水平相对比较低：以免费展览为主，偶有收费，票价也是在 20 元以内。举办这类展览的品牌往往希望与官方的、更有规格的展览馆合作，而这类展馆的收费标准本身就有严格的限制。例如：在上海当代艺术博物馆举办的“瞬息 · 永恒——卡地亚时间艺术展”。

艺术类和设计类展览除了免费展之外，收费展的票价也是中低价位（20~60 元）占多数。这样的票价分布情况与这两个领域的展览所举办的场地有关：艺术类和设计类展览最常见的举办地是画廊和公立展示馆，而这两类场地所举办的展览绝大多数都是免费展。

动漫卡通类的免费展比例相对于其他领域的展览较低，其收费的展览基本集中在中等（21~60 元）和中高价位（61~100 元），而前者占比略高于后者。时尚生活类展览是所有 100 元以上的高票价区间最为集中的展览领域。在收费展览中，此领域的票价依然是中等（21~60 元）和中高价位（61~100 元）占多数，其他占比按高低顺序依次为 61~100 元、21~60 元、100 元以上，以及为数不多的 20 元以内的票价。

消费——观众规模与行为态度

>>

研究方法说明

>>>

研究范围

-

消费者调研主要对 2014 年上海特展产业的观众规模、观众行为态度进行调查分析。调查人口包括：

（1）上海常住居民：15~54 周岁，在 2014 年中看过需要购买门票的文创展览。

（2）上海外来游客：15~54 周岁，在 2014 年中在上海看过需要购买门票的文创展览。

研究方法与数据来源

-

数据采集委托专业第三方调研公司执行，结合线上、线下两种渠道，以问卷调研的方式展开。

在确定样本量时，考虑到此次项目所需要达到的精度（即此次调研获取的数据结果精确率）以确保数据的代表性。因此以 95% 为置信水平，就特展人口的预估结果而言，其抽样极限误差约为 4.3%，而特展观众的行为与态度、价值观以及生活方式的抽样极限误差约为5.6%。除此之外，这部分数据中也可能存在反应偏差——由于调查回答者的心理或性格倾向导致的偏差。以调查特展观众“看展的目的”以及“最喜欢哪一领域的展览”为例，受访者可能出于对“社会赞许性”的倾向，会有意无意地认为回答“看展览主要是为了得到艺术熏陶”可能会比其他选项更能够获得当下社会普遍价值观的认可。

经过上述一系列的抽样调查，最后再通过严格的数据质量检核，剔除有遗漏问题、逻辑不自洽或其他可能有数据问题的问卷，以确保数据的准确性和有效性。此外，我们在得到第三方调研公司的数据后，还会结合政府相关出版物，如上海市统计局发布的《上海统计年鉴（2014）》等途径来搜集相关资料，并对资料进行整理与分析；所获得的信息作为整项研究的背景资料，以及对调查结果形成补充与支持。

1. 特展观众人口规模

在预估2014年上海特展人口规模时，我们以线下截访的方式对上海市常住人口进行随机抽样调查。在此过程中，调研人员使用等时间间隔的随机抽样方法，在指定的目标人群相对密集的场所，对过往人流使用过滤问卷进行遴选，选取合格受访对象，进行主体问卷部分的访问。这部分调研的拦截地点包括：徐家汇商圈、中山公园商圈、人民广场商圈、浦东八佰伴商圈、闸北大宁商圈、南京西路商圈、普陀中环商圈、虹口足球场商圈、五角场商圈。

通过调研，我们可以初步掌握上海常住人口中特展观众人口的约数，及其相关人口学特征。

2. 特展观众的行为与态度

这部分调研采用线上调研为主、线下截访为辅的方式。

线下截访的对象主要针对的是年龄较长、线上操作可能不方便的特展观众（40~54周岁）。这部分调研的拦截地点包括：中华艺术宫附近、上海当代艺术馆附近、新天地太平湖附近、月星环球港（商场）附近、上海大悦城（商场）附近。

除了了解特展观众对“特展”这件商品的购买决策和使用行为之外，我们同时也调查了他们的价值观特点，如他们追求什么、排斥什么，以及其文娱生活特征。

3. 特展的城际观展现象

由于我们通过对电影市场、演出市场等其他文化产业的对比观察，发现这些行业中消费者的城际互动现象，如消费者从上海奔赴北京或香港参加当地的电影节或音乐节，外地的消费者为了某场舞台剧或特别电影放映专程来上海观看等。虽然还是在一定人群范围内的小规模行动，但也已经成为一种有迹可循的行为模式并引起了相关从业人员的关注。

在文创展览领域中，这类人群的规模虽然更小，但也开始逐步形成，而且极有可能形成与这些相近文化产业的城际互动情况相同的发展趋势。因此，我们在此次调研中也启动了对外地来沪观展人群的抽样调查。通过在上述若干地点随机截访的方式，对外地来沪观展的游客进行调查访问，了解他们城际观展的频次、动因及相关意愿等行为特征及其态度倾向。

特展观众的规模与人口学特征 >>>

人口规模

在预估上海常住人口中的特展观众规模时，我们需要捕捉较为典型的特展观众进行调研。

为了受访者能够有效地对“特展观众”这一身份进行自我筛选，我们首先结合描述法和排他法帮助受访者锁定“文创展览”：包括艺术、设计、动漫卡通、时尚生活、品牌文化输出等五个类型；不包括艺博会、拍卖及其预展、Cosplay 等非展览的展示活动。之后再通过限定条件（需要购买展览门票）与枚举法（如“跨越时空的爱——Hello Kitty 40 周年特展”、“草间弥生——我的一个梦”）帮助受访者判断自己是否属于特展观众。

需要强调的是，尽管“特展”目前是个综合概念，但其界定足以提供一个相对明晰的研究范围，使得我们能够捕捉到典型的特展观众（而非穷举所有观众）。因此，尽管“需要购买展览门票”对特展来说是一项充分不必要条件，在此基础上对观众人口所作估测的精确度受到一定限制。但更重要的是，在这项充分不必要条件下捕捉到的典型观众，能让我们相对更清晰、准确地描绘其行为与态度特征。

调查数据显示，2014 年有约 30% 的人曾经看过文创展览，这之中又有近六成的人看过特展。

如前所述，由于产业研究数据的缺失，这可能是目前第一个针对上海特展观众人口的统计数据，我们也审慎地对其进行多角度的验证。无论是对比《上海文化发展报告（2015）》的最新统计数据，还是同时结合访谈和桌面研究向上海各大

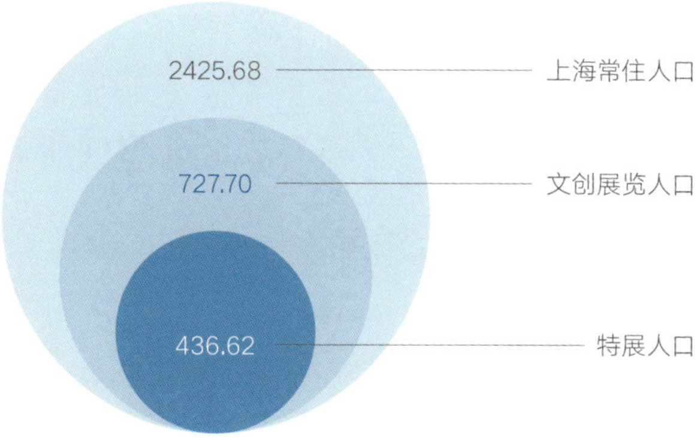

主要展览场地了解过去一年中的参观人次，通过一定的计算后，目前的特展观众规模的估测都能得到有效的佐证。

目前上海特展观众规模约占上海总人口的 18%。根据上海市统计局及国家统计局上海调查总队于 2015 年 2 月发布的《2014 年上海市国民经济和社会发展统计公报》，至 2014 年底，上海全市常住人口为 2425.68 万人。也就是说，2014 年约有 430 多万名上海观众看过特展。

性别与年龄

上海特展观众的男女性别比约为 1.2:1（以女性为 1，下同）。需要注意的是，这只是一个整体数据，无法对应到某一个具体的展览中。以去年的“印象派大师·莫奈特展”为例，其观众的性别比约为 0.4:1，“失恋展”的观众性别比为 0.5:1。这些我们都将会在后文进行分析。

在年龄结构上，20~30 岁之间的青年人是特展观众的生力军，其中 20~24 岁的特展观众人口约占 23%，25~29 岁的约占 22%。这个年龄段的人群可能包括高校学生，以及刚

2014 年上海特展观众年龄与性别分布

走进社会不久的公司职员等。他们已经或正在形成自己的社交习惯、审美偏好和行为模式等，对世界有更强烈的好奇心，有较强的社交需求，同时也有较多的可支配时间与财力满足这些需求。

相较而言，年龄层更低的人群（15~19 岁）在社交自由、财务自由以及时间上的自由度都比较低。

而中高年龄人群（35~49 岁）的比例明显低于青年人，合计为 22%。这类人群的价值观已经建立，职业和家庭状态相对都趋于稳定，并且承担更多社会责任。对他们来说，文娱消费作为拓展社交圈工具的作用明显减弱。但同时，对于有子女的家庭来说，带孩子去看内容合适的展览又成为了亲子教育中一项重要内容。

在 50 岁以上的人群中，观展比例又有所回升。在这个年龄段中，（半）退休人口开始增加，他们在经济上和时间上都拥有更高的自由度，他们也是最可能“为了提升生活品质而支付所需的费用”的人群之一，后文对观众态度的研究中将对比有进一步分析。

在各年龄段的性别分布中，还有一个大致规律：高年龄层（45 岁以上）的人群中往往男性偏多，而中低龄（45 岁以下）的则是女性偏多。

教育水平

超过 53% 的人最高拥有大学本科学历，极少的人只有初中学历，其他按比例多寡依次为大专、高中 / 中专 / 技校、研究生及以上。“初中及以下”的低学历主要集中在 45 岁以上的人口当中。

2014 年上海特展观众教育水平

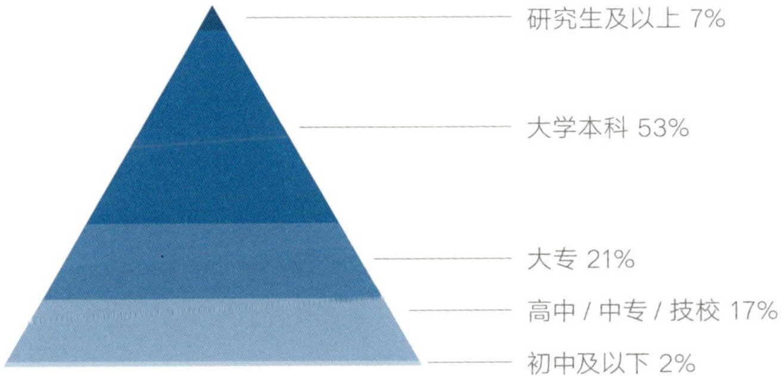

职业与收入

近 46% 的特展观众是公司职员，其中包括普通职员，约占观众人口的 26%；中高级管理人员，约占 20%。此外，学生族也是一个重要群体，平均每不到 10 名观众中，就有 1 名是学生，约占 11%。这些数据和电影等文娱消费的比例非常接近。但其中值得注意的是自由职业者的比例要远高于其他类型的文娱消费。

观众的人均可支配收入大多在 3001～5000 元/月之间，具体分布如下图：

2014 年上海特展观众职业分布

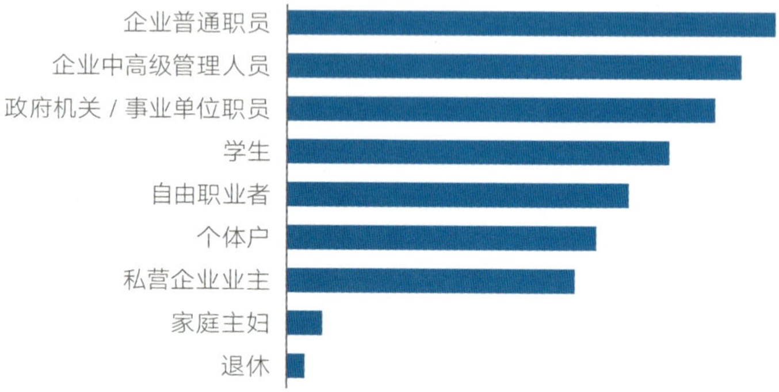

2014 年上海特展观众人均可支配收入情况

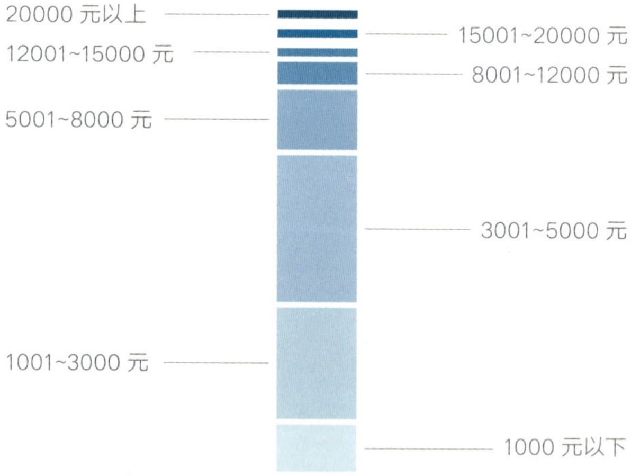

家庭结构

特展的观众中，约有 41% 已经有了自己的家庭并和其子女们住在一起。这些人中，其子女处于学龄前后的家长们更多考虑的是适合亲子家庭参与的展览或活动，而年龄更长、自理能力更强的青少年的家长则更希望能与自己的亲朋好友们去看展览。

另有 34% 的人单身未婚，其中不到一半的人目前独自居住，另一部分与其父母一起居住，他们在看展时往往更需要朋友们的陪伴。

夫妻 / 情侣档也占了总观众人口的近 1/6，他们无疑更倾向于与自己的伴侣一起去看展。

已婚且与自己父母住在一起的观众仅有 7%，比起和自己父母一起看展览，他们更愿意和朋友们一起。

2014 年上海特展观众家庭结构情况

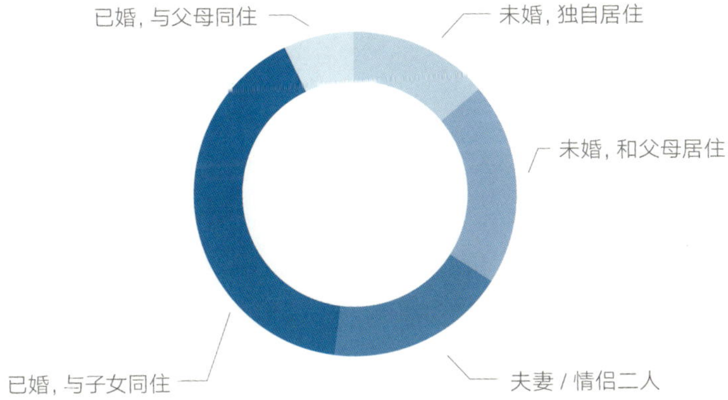

特展观众的观展行为与态度

>>>

需求触发与资讯收集

需求触发：观展目的

在研究特展观众如何决定是否要去看一场特展时，我们首先要了解的是他们为什么要去看、为什么不去看，以及这些目的背后可能的需求。

2014 年上海特展观众看 / 不看展的原因

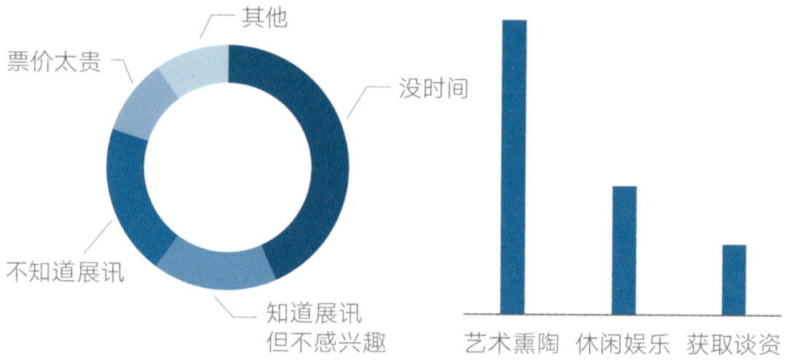

特展观众的观展目的大致分为三类：

（1）希望接受艺术的熏陶，提高个人修养（艺术熏陶）；

（2）作为娱乐休闲中的一部分，放松身心（休闲娱乐）；

（3）在朋友交流时有新鲜或是时髦的话题（获取谈资）。

大部分观众都优先选择了"艺术熏陶"，而选择"获取谈资"的人最少。

我们结合调查中的另一项数据：90% 的人都会在看展之后通过社交媒体或者与亲朋好友口头分享看展的经历。因此，尽管"获取谈资"并不是大部分人看展的首要目的，我们依然认为一个“有料的”展览非常重要。而且观众对“料”的质量也提出了越来越高的要求：他们希望在展览中能够获得一些新鲜的知识点，不能太过“高深莫测”，又不能“人尽皆知”。他们的这些收获最终还是以某种形式输出，如微信朋友圈、与亲友的聊天讨论等，有意无意中成为一种谈资。

除了上述内在需求之外，同样会有外在因素成为观展的诱因。其中，最大的因素就是“口碑”。将近 2/3 的观众表示有时候他们会想去看某个展览，是因为“听到了很多很高的评价，觉得错过会后悔”。其次，还可能是出于一种从众的心理：约 1/5 的人觉得“周围好多人都去看了，感觉不去看就落伍了”。另有小部分表示，如果在其他娱乐消费，如在商场购物时获得了优惠或免费门票，他们会考虑去看那场展览。

我们也同时对在过去一年中没有看过特展的观众进行了了解。约 43% 的人表示平时根本没有时间看展。这些人群中，一方面可能是工作、生活等方面的压力挤压了他们的时间，另一方面也可能是他们更愿意把时间花在娱乐性相对更强的文娱活动上，如看电影、唱歌等。另有 17% 的人通常都对展览内容兴趣不大，这些人往往都不是特展或文创展览的目标观众。

20% 的人表示自己不知道或不关注展览讯息。这类人群中，小部分是完全不知道展览信息的，大部分还是会通过各种渠道对展览尤其是热门展览留下印象并产生兴趣，但不知道展览周期或场地等信息。从行为模式上看，后者显然大多也不是展览的常规观众，但却是一定规模的潜在观众。

10% 的人对他们感兴趣的展览感到票价太贵，剩下约 10% 的人或因为展览观众太多、“不想扎闹忙”，或因为朋友看过评价不好等原因而没有看展览。

资讯收集：展览信息获取

大部分人都是通过好友推荐获知展讯。这样的推荐形式包括但不限于朋友之间的口头推荐、好友在微博或微信朋友圈发布的内容等。这与之前“看展决策外在诱因”有紧密联系。观众们看重“好友推荐”主要是因为对好友的认可，观众对这类推荐往往更容易信任。

次为重要的途径是资讯服务类网站及其平台。以“豆瓣同城”这一平台为例，其下有官方网站、新浪官方微博、微信公众号，以及自主研发的手机移动端 APP 等。

再次是活动主办方的官方平台，其中包括但不仅限于主办方的官方网站、微博平台、微信平台、豆瓣小站等。能够主动从这类渠道获取展讯的，更多的是一些相对较为“资深”的文艺爱好者。电视（包括公共交通上的移动电视）、报刊等公众传媒虽然覆盖面相对较大，可以让潜在观众无意中获取到展览信息，但随着新媒体的发展，这些渠道并不是观众获取展讯的重要途径。

2014 年上海特展观众展讯获取渠道

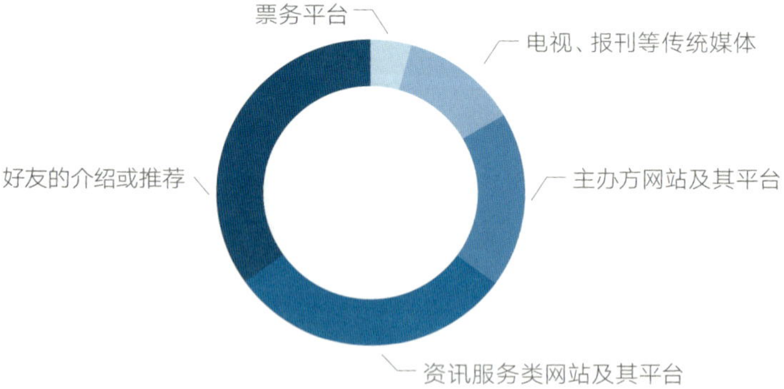

目前在展讯获取方面，观众使用量最少的是票务平台。尽管线上购票对观众来说是重要的票务渠道之一，但票务平台目前更多地依然是一个“购买渠道”而非“信息渠道”。

这主要是因为目前的展览票务平台大多是某些演出或电影票务平台业务拓展的结果，但其展览票务的发展并不如其他领域那么成熟，业务合作欠缺深度和广度。

以电影票务为例，许多电影观众更习惯于打开票务平台查看近期电影排片讯息，再决定是否购买。这从一方面体现了特展目前在普通人心目中并不是像电影那样是一个“文娱生活的常规选项”，另一方面也说明了展览票务平台做得还没有像电影平台那样成熟。

决策的评估与执行

了解了特展观众的观展目的后，我们还需要了解，哪些展览内容会进一步引发他们的兴趣、哪些展览形式能够加强对他们的吸引力、哪些因素会削弱他们观展的决定等等。

决策的评估：展览内容偏好

为了便于特展观众能更加具象地理解不同的展览领域，我们在调查中将展览领域分为：东西方传统艺术、综合现当代艺术、时尚生活、摄影、动漫卡通、设计等。

2014 年上海特展观众的展览内容偏好

调查数据显示，东方传统艺术类的展览最受观众欢迎，其次是时尚生活类的展览。综合当代艺术与设计两大领域的展览，由于其通俗性相对较低，欢迎程度相应排名较后。动漫卡通类尽管也比较通俗，但相比于时尚生活类或其他领域的展览，它在普通市民观众尤其是中高年龄段的观众中的普及程度就没有那么高。

其中，设计类展览相对更受男性欢迎，而女性更喜欢西方传统艺术和时尚生活类展览。

决策的评估：其他吸引力

对于大部分观众来说，展览中所涉及的艺术家如果“大有来头”将会是个很重要的吸引点。其次，无论是内容还是形式上，“新奇”的展览也是非常有吸引力的，尤其是对年轻人来说。看重展览“知识性”和看重展览“互动性”的观众占比相近。

这些对观众产生吸引力的元素只是相对而言，不能孤立起来看。以排名第一的“大有来头的艺术家”为例，一位专业影响力出众的大师可能由于公众知名度有限，并不能对普通观众产生强烈的吸引力；而在大多数人都知道的大师中，作品相对晦涩的大师也可能会“败给”作品更为通俗的大师。

2014 年上海特展对观众的其他吸引点

决策的评估：场地及其周边

展览场地及其周边配套设施对观众的看展决策也有着重要的影响。这之中最重要的是交通便利问题，如果观众觉得“交通不太便利，去一次有点麻烦”，那将大大削弱他去看展的决心。而便利的交通与地理位置紧密相关，因此，展览场地的地理位置及其交通情况是尤为重要的。

场地周边的娱乐场所与餐饮场所相比较，观众大多更看重前者。特展产业的成熟与规模的扩大，最终在观众生活理念中的体现可能是将“观展”纳为日常文化娱乐生活中常规的、内嵌的组成部分；而在综合业态上的体现，将是展览场地周边的其他娱乐条件耦合成一个完整的生态。

2014 上海特展观众对场地及其周边的不满因素

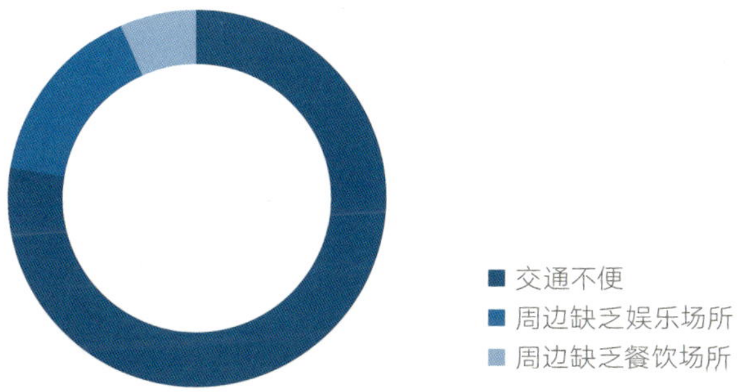

决策的执行：门票的心理价位与购票方式

另外一项影响观展决策的是消费水平。而在观展之前，最主要的消费就是展览门票。

61~100 元的票价是让 34% 的观众感到比较舒适的心理价位区间。通过比较 2014 年的特展与 2015 年已经开票的特展的票价，可以发现票价上限在明显升高。对此，观众们似乎也做好了一定的心理准备：27% 的观众愿意购买 101~150 元的门票，14% 的观众可以接受 151~200 元之间的票价，这与 21~60 元的票价区间占比相近。但接受 200 元以上票价的观众依然还是少数，仅为 9%。从目前不少主办方的票务方案来看，各种优惠票价都能够让观众接受，同时一路升高的票面价格也在拉升着观众的票价预期。

再将票价预期与具体的展览领域结合起来观察，我们发现东西方传统艺术类的平均可接受票价相对较高。

2014 上海特展观众可接受票价与购票途径

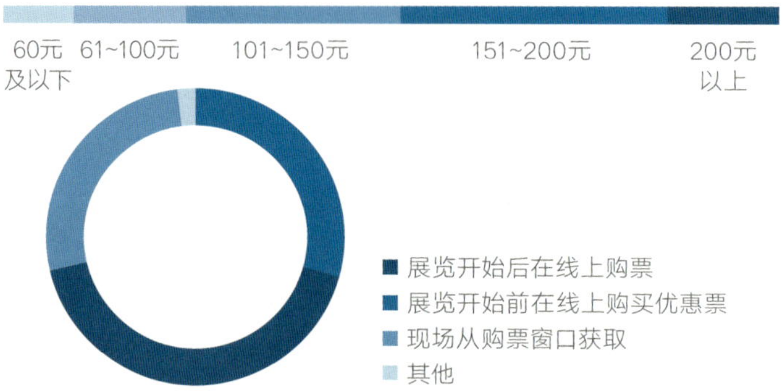

在购票环节，近 3/4 的观众会选择在线上购票。其中，展览开始之后才购票的观众约占 42%，其中不能排除有些观众是处于观望状态，等待展览口碑的发酵；而在展前就会在线上购买优惠票的占 29%。有 27% 的观众在现场从购票窗口处买票，另有 2% 的少数人通过其他方式购票，如朋友之间的转卖或者从黄牛手中购买等。

其中“展览开始前的优惠票”大约在 2013 年末起更多地开始以“早鸟优惠”的形式频繁进入观众的视野。早鸟优惠在旅游行业非常常见，近来沪上的音乐、话剧等演出行业也开始较多地采用这样的做法，在特展市场中也是如此。一方面如前所述，早鸟优惠可以将相对较高的全额票价转变为观众可能会接受的票价范围；另一方面，早鸟优惠作为一种营销宣传手段可以帮助展览口碑的发酵，同时主办方也能够通过早鸟票的销售情况提前把控观众的人流量，为展览的现场管理做好准备。

观展的行为模式与体验

观展频次

在特展观众人口中，逾 70% 的人年均看过 1~2 次特展，其中每年看过 1 次或 2 次的比例相差甚微。20% 的观众大约一年中看展 3 次，不到 10% 的人看过 4 次以上。

2014 年上海特展观众年均观展频次

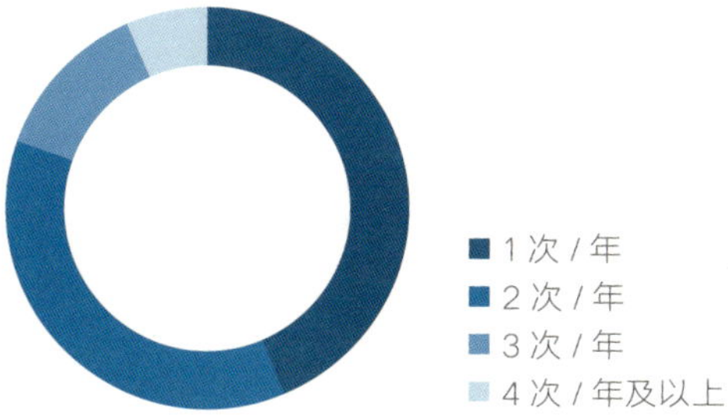

同行情况与观展时长

48% 的观众通常会和亲朋好友一起去看展，可能是两个朋友，也可能三五成群。夫妻或情侣一起看展的情况是次多的，占到 26%。亲子家庭在观众中约占 15%，也是个不小的比例，如今的家长越来越重视拓展教育，亲子活动也越来越受到欢迎。有的展览主办方尤其是场地方已经形成了自己比

2014 年上海特展观众观展同行情况

2014 年上海特展观众可接受观展时长
（单位：小时）

较稳定的亲子活动平台，而利用展览契机与已有的亲子活动机构创建异业合作是其他主办方可以尝试的一个方法。

消费者对观展时长的心理预设基本上都集中在 1~2 小时之间，与一场电影的时长相近；少部分人的预期在此之下。

再从展览内容上来看，观看设计类和综合现当代艺术类的展览，预设的时长相对较短，这可能还是与观众对内容的理解有关。相对的，东方传统艺术和动漫卡通类的观展时长就比较长。前者主要是基于观众对“东方传统艺术”这类展览有较大的需求，而且观众心理预期在这类展览中的艺术收获也会较高，因此更愿意花较长的时间来观展。而动漫卡通类展览则更多地是因为其本身在内容上与观众的心理距离更近，展览内容和互动体验也往往更为丰富，因此观展过程中消费者的参与度更高，观展黏度与满足程度也相应提升。

导览形式

随着科技的进步和普及，展览的形式不仅越来越多样化，导览的手段也开始丰富了起来。但在目前来看，传统的实体文本素材依然是最受观众欢迎的了解展品的途径，超过 90% 的人都接受这样的导览方式。

在实体文本素材中，最受欢迎的还是在展览中免费发放

2014 上海特展观众对导览形式的心理偏好

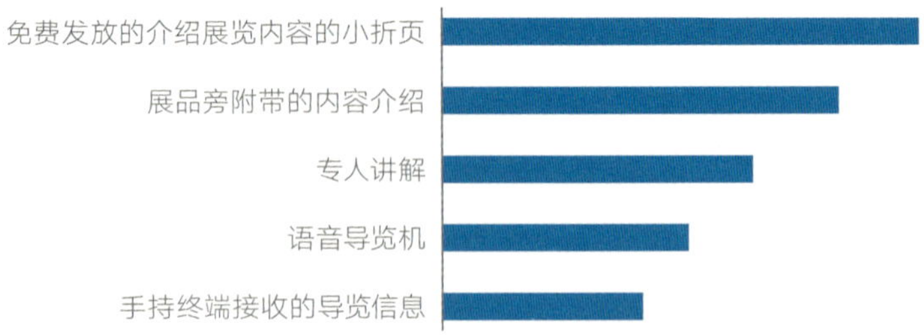

的介绍内容，往往以小型宣传册或折页的形式（50%），其次是展品旁随附的文字介绍（42%）。这些内容都可以免费获取，相较于租用讲解设备，纸质宣传册取用方便，使用起来也不受拘束。

在可能涉及费用的导览方式中，专人讲解（33%）的受欢迎程度略高于语音导览机（26%），其中可能有多种原因。语音导览机是否携带方便、是否容易操作、内容量是否丰富、内容深度是否合理等一系列问题都是观众租用讲解设备时的门槛。此外，对于很多人来说，专人的现场讲解往往比机器里的录音讲解更能让人“听得进去”，而且与讲解专员之间更可以随时互动，提升观众的参与感。

目前较为新潮的导览方式，是通过个人随身携带的包括手机、平板电脑等移动设备，在自己的终端上接收导览资讯。对其钟爱的人虽然不多，但也达到了20%。这种方式目前仍处于不断完善的阶段，主要的途径目前有两个：展览主办方或相关合作方的微信公众号平台，独立的手机或其他移动客户端的软件应用。相较于独立的导览APP，微信自身已建立的用户基础大大降低了下载、注册等使用门槛，他们需要做的可能只是关注一下某个展览主办方的微信号。另一方面，由使用微信导览所导致的网络资费（进而可能转化为对展览场地所提供的免费无线网络的质量）问题、观众与智能导览设备（即用户的手机、手机上安装的微信APP、微信内的导览平台）的交互体验等问题，依然有很大的完善空间。

无论是人工导览还是设备导览，无论是线上导览还是线下导览，其价格和内容深度都关系到展览项目的运营成本，同时也面临着一个众口难调的问题。因此，开发多形式的导览服务，并针对不同观众的需求在形式、内容、价格等多维度进行细分，是提升用户体验的一个重要方向。

其他软硬件服务

一场展览及其场馆所提供的软硬件服务，在很多方面都能影响观众的看展体验。例如，观众认为如果展览中有一些主题场景可供他们拍照留念，将在很大程度上提升他们的体验。除此之外，场馆内如果有精美的衍生品商店、氛围较好的咖啡厅等，他们也都非常欢迎。相比之下，由展览衍生出的教育类免费讲座对一个普通观众来说机会成本较大，看重这类讲座的观众相对较少。

在负面体验方面，观众最不能接受的是展览现场秩序维护上的问题。其中，观众对“排队等待”容忍度最低，而且

2014 上海特展观众其他软硬件服务体验

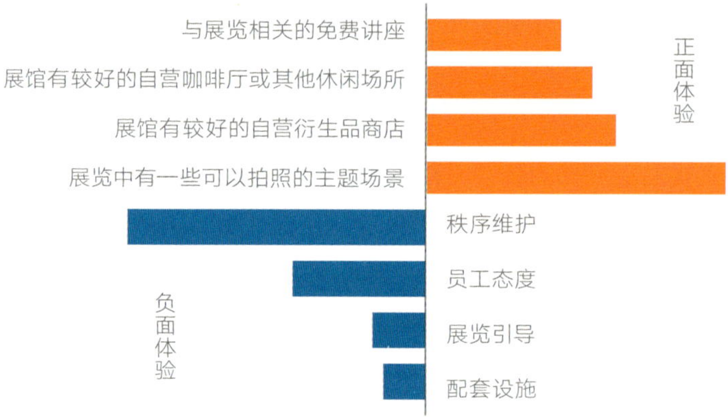

有不少人反映会有“观展的人看上去不太多，却依然要排很久的队”的情况。类似情况频繁出现，与展览的动线规划不无关系。其次，无论是排队等候时的秩序问题如插队、队列混乱等，还是展厅现场的秩序问题如随意拍照、高声喧哗等，也都是引发观众不满的重灾区。

展览工作人员的服务态度，也是观众们体验较差的一个方面。观众往往会遇到有工作人员对他们“爱答不理”，或者看到他们的仪容仪表比较随意。这些既是工作人员对待观

众的态度问题，也是他们对待自身业务的态度问题。

展览引导和配套设施方面，观众的不满相对较少。在展览引导中，如果发生“参观路线不清晰或不合理”的情况，则最可能降低观众的体验。配套设施中，观众目前最希望的是在展览现场有一处专门的休息区，其次是需要有大件行李寄存处且有明确指引。这些都为场地提出了更高的要求。

观展后的行动与评价

观展结束后，90% 以上的观众都会考虑与别人分享自己的感受。当前，最重要的一个分享渠道就是个人的微信朋友圈。新浪微博的使用率低于“与亲友口头交流”。此外，网上购票平台如格瓦拉生活网、大众点评网等，尽管目前并不为多数人使用，但这些平台出于其战略发展的考虑，如向社交平台转型、成为展览票务领军等，大多积极鼓励用户在平台上发表反馈。这方面的比重是否能够有效增长，有待后期观察。

2014 上海特展观众观展结束后信息分享方式

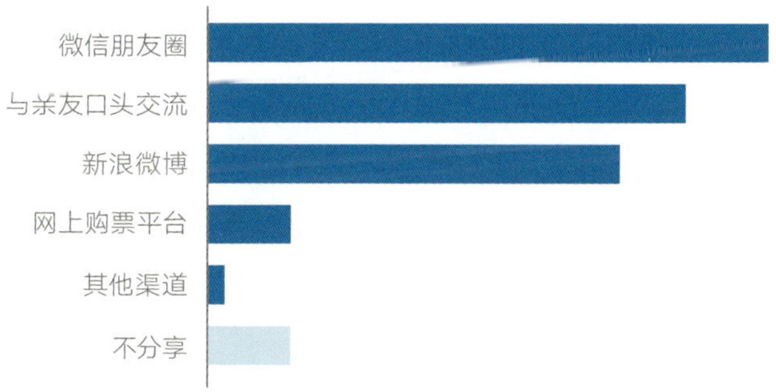

至于分享的内容，绝大部分观众都会发布一些图片或照片，再配以简单的文字来记叙事件或心情，这非常符合当下信息时代对快速阅读的要求。另一方面，相比于一些正面信息如“展览好”、“收获多”等，负面情绪的、批评性的表

达更容易得到曝光和传播。这些负面的信息往往来自观众在观展过程中的各种体验，尤其是他们对展览体验的预期与最后展现结果的落差。从诸多消费者满意度的研究中我们可以知道，消费者对一次消费行为的事后评估非常重要，因为这些评估可以促进或者阻碍周围的人再次消费的可能。因此，做好观展体验，较少相关负面评价，是提升观众转化率的有效方法之一。

衍生品及其他消费行为

在衍生品购买行为上，我们目前限定了“在展览现场购买”，其中并不包括离开现场后的网络购物行为。

近 80% 的观众表示他们愿意在看完一场展览之后去衍生品商店看看有什么合适的衍生品可以购买。另外约 20% 的观众没有这样的消费习惯和消费观念，或者觉得大部分衍生品都没有什么实用价值。少部分人习惯性地质疑那些价格适中的衍生品质量不过关等等。展览现场的衍生品购买属于冲动性消费，因此性价比问题更容易被衍生品消费者所忽略。

对于单次购买衍生品的总金额，32% 的消费者表示他们能接受的额度在 201~500 元之间，其次有 28% 的人可以接受 101~200 元之间的额度。愿意消费在 50 元以下、

2014 年上海特展观众对衍生品消费意向及其额度

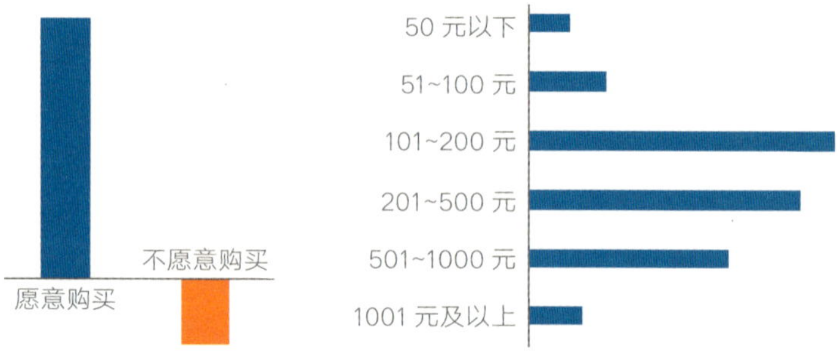

501~1000 元、1000 元以上（包括购买限量收藏版纪念品）的观众都在少数，占 5%~8% 不等。

就衍生品内容而言，最受欢迎的是画册和书籍、文具类产品如笔记本、文件夹等；其次是家居生活类如抱枕、鼠标垫等，以及服装配饰类的产品如 T 恤、背包等。这些衍生品在一定价格范围内，都非常容易产生冲动性消费，而且许多观众认为画册或书籍类的产品是在诸多衍生品中性价比最有保证的一类。但对于更高端的产品，如限量版的复制品、有艺术家签名的高端礼品等，则不太在普通观众的考虑范围内。

2014 年上海特展观众最常购买的衍生品类别

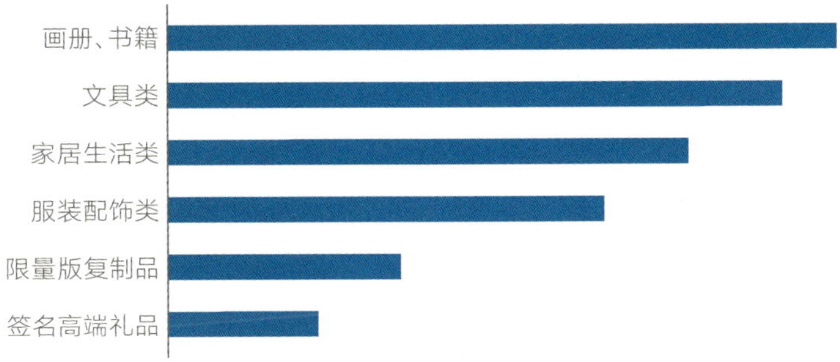

对于除门票和衍生品以外的消费项目，最受欢迎的是一些参与感强的互动体验（57%），尤其是允许观众与其同行的伙伴一起参与的活动。其次是与展览内容相关的工作坊（42%），如纪念品 DIY。亲子家庭更青睐有儿童可以参与的互动项目（37%），但同时也有其他观众担心过多调皮的儿童在现场会让展览馆内更嘈杂。其实，无论是哪种活动，秩序管理都是尤为重要的。约有 26% 的观众表示愿意为一对一或小范围的一对多专人讲解支付服务费用。但一旦牵涉到费用问题又会有所犹豫。

上述消费项目目前都没有深入调查观众们的心理价位承受能力，只是初步询问消费意向；如果加入具体价格区间，数据结果可能有所变化。

2014 年上海特展观众对其他服务的消费意向

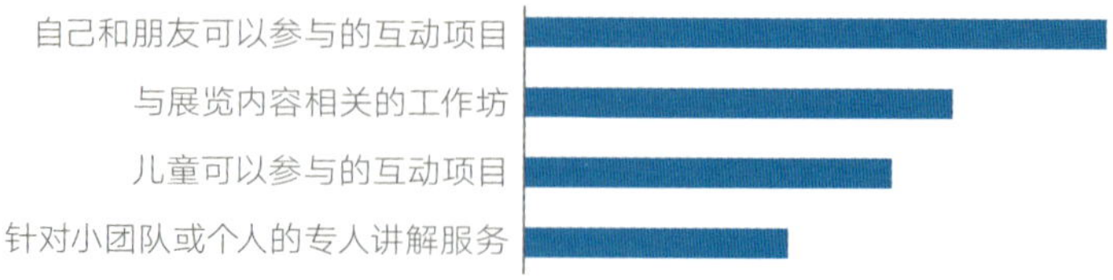

文化艺术生活与价值观特征

除了对观众的观展行为进行调查，我们还对其日常文化娱乐生活中涉及的其他活动（以下简称文娱活动）情况进行了了解，以期让特展的供应方能从更宽泛的角度了解他们的消费者。

我们这里所指的文娱活动主要包括音乐类（如音乐节、演唱会、小型现场演出等）、舞台戏剧类（如话剧、舞蹈、戏曲等）、电影类（院线常规商业播映、影展、主题放映等）、及其他类型（如展览、讲座、公益活动等）。

2014 年上海特展观众文娱活动参与频次与经济投入

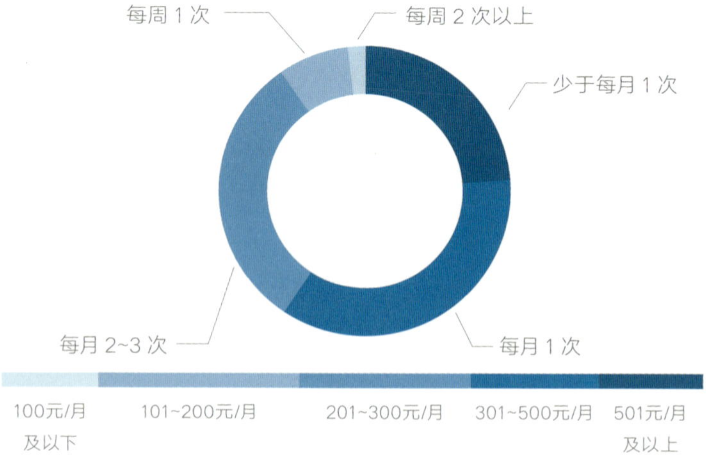

从调查结果来看，2/3 的特展观众每月有 1~3 次不等的文娱活动。其中相对较多的人保持每月 1 次。每月少于 1 次的人约占 24%，这类观众在 45 岁以上的人群中相对较多。频繁参加文娱活动的人（每周至少 1 次）总共不足 10%，而且绝大多数人的年龄集中在 20~30 岁之间。

在文娱活动的支出上，个人月均消费在 101~200 元的观众占比最高，约为 29%；其次是消费额在 201~300 元之间的，占 23%。以这两个区间为中心，其他不足 50% 的观众随着消费额度的变化向两极递减。

总体来看，文娱活动投入越高的观众，无论对特展的门票票价、衍生品价格还是其他服务费用的承受力也都相应较大。这些人在文艺生活上往往有更成熟的消费观念和消费行为模式。

在价值观特征上，我们选取了一些表述，请特展观众对其认同程度由低到高在 1~5 分内给出自己的分数。

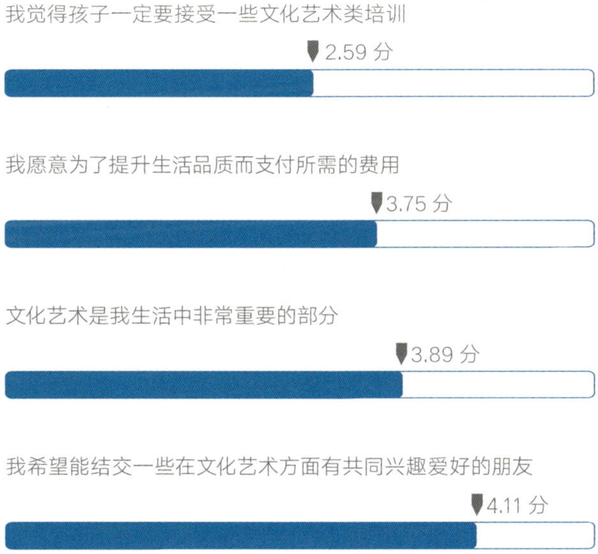

从统计结果上看，和其他很多领域一样，观众们在文娱活动中也有强烈的社交需求，30 岁以下的观众在这方面表达得更为明显。此外，大部分观众也都认同文娱活动在日常生活中非常重要。他们也非常看重生活品质，而且 30 岁以上的观众表达了更强烈的意愿：愿意通过一些经济支出来提升生活品质。

价值认同度相对较低的是关于“孩子一定要接受一些文化艺术类培训”。

特展的城际观展现象
>>>

在“城际观展”的调研中，我们向观众们预设了一定的前提：

（1）在居住地以外的城市有一个非常吸引你的展览；

（2）你的时间和经济状况都允许你去那个城市看展。

受访者来自不同的国家和地区，除了数量极少的港澳台和外国观众，来自中国大陆的受访者主要居住城市集中于江浙地区。

外地游客来沪观展的原因

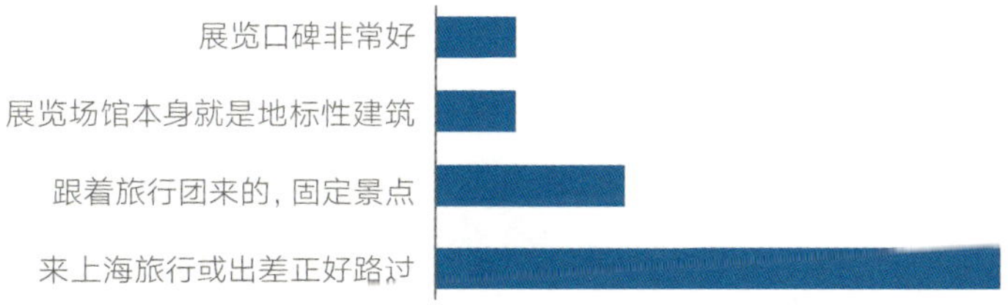

来沪观展的游客是否还会考虑城际观展

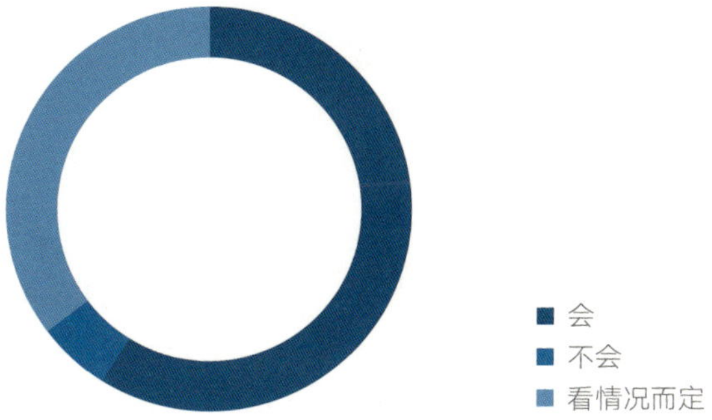

这些观众中，超过 60% 的人是因为出差或旅行的原因来了上海，就顺便在这里看看展览。20% 左右的人并非出于自己的主观意愿，而是在旅行团的安排下将看展作为旅行中的一个固定项目。少部分人会因为场地或展览的口碑等因素来上海看展。

当这些观众被问及是否还会考虑去居住地以外的城市看展时，59% 的人表示“会”，6% 的人表示“不会”，其余 35% 人的表示不能确定。

城际观展的周边服务对观众的吸引力

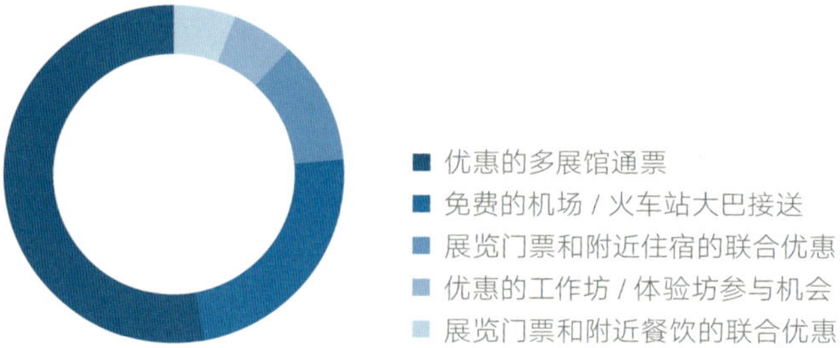

在这些对未来的城际观展活动表示犹豫的观众中，优惠的多展馆通票对他们来说吸引力最大；其次是免费的机场 / 火车站与展览场地间的大巴接送，既节省了经济成本又减少了旅途奔波；展览门票与附近住宿的联合优惠对异地观众来说也有一定的吸引力；但优惠的工作坊参与机会或展览门票与附近餐饮的联合优惠，对他们来说吸引力并不那么大。总体来看，对于异地来沪观展的游客来说，如果由展览衍生出来的周边服务能使他们在旅行过程中的衣食住行得到足够的便利，这都将在很大程度上增强他们的城际观展意愿。

除了向异地来沪的展览观众了解情况，我们同时也在上海常住人口中抽样调查了一些市民对去其他城市“城际观展”的看法，以此作为另一个角度的参照。

上海作为全国一线城市，无论在经济上还是文化上，都处于高地位置。也可能正是因为如此，当被询问是否认同“我绝不可能为了一场演出、电影或其他文艺活动而去外地”时，大部分人都表达中立或“不太认可”的倾向。可见虽然城际间的文艺活动受众基数还不大，而且大多数人对这种行为并没有明确的想象和概念，但更多的人至少态度上是开放的。

上海观众城际观展的可能原因

上海观众的城际观展意向

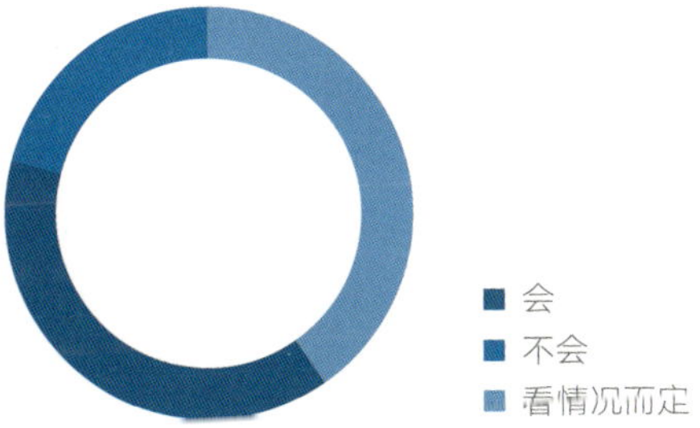

具体到“城际观展”的意向时，相比于非上海常住人口，这些观众中有更大的比例表示自己“不予考虑”，而这些观众相对集中于40岁以上的年龄段。相比之下，25~29岁年龄段的观众则更多地表示“会去外地看展”。

对于目前尚未能确定意向的观众来说，最可能发生城际观展的情况是在旅行或出差的过程中“顺便看个展”，更多的女性观众选择了这一情况。其次，观众重视由上海出发去往目的城市的交通便捷程度，男性观众相对更看重这一点。此外，比起良好的大众口碑，好友的极力推荐对他们的驱动力更大。

>03

案例

特展行业已经积累了一些值得深入研究的代表性案例。发现成功的原因，寻找运营中的缺失，这是案例分析所试图挖掘的规律。即使是那些看起来获得广泛认可的特展，在决策与运营上也仍然存在着诸多有待提高之处。

外国经典艺术类特展 >>

在所有类型的特展中，外国经典艺术类特展是数量最少的，即使将那些带有一定艺术性的历史文物展也算在内，整个 2014 年，能被划入这一类型的展览不过五六个。显然，古代的、经典的艺术作品价值高、数量少且不可再生，作品获取的成本与难度极高，整体上流动性极差。

过去多年里，上海有能力、有资格举办这类展览的只有两个场馆，上海博物馆和上海美术馆。上海美术馆在 2012 年变身为中华艺术宫，与新成立的上海当代艺术博物馆成为上海三个最大的公立展示馆，它们的定位也极为清晰：上海博物馆以古代文明、古代艺术为主；中华艺术宫以近现代艺术为主；上海当代艺术博物馆以带有实验性的当代艺术展览为主。

公立展示馆因其先天优势而有能力举办这些高价值特展。一方面，国外拥有经典艺术作品的大多是公立美术馆和博物馆，到其他国家巡展时一般都会要求在同等规格的展览场地举办。另一方面，借展方通常会要求落地主办方支付借展费、运输费和保险费等费用，因为展品内容的高价值，这些费用的额度都不会是小数目，一般民间机构无力承担其成本。

公立博物馆、美术馆作为非营利艺术机构，其办展的相关费用均是由国家财策拨款。在具体的操作方式上，一种是由各国文化部出面的国家间的文化交流项目，如 2004 年从法国巴黎的奥赛博物馆引进的“法国印象派绘画珍品展”就是中法文化年的交流项目，相对应的，是范迪安策划的“中国当代艺术展”[①]随后在蓬皮杜展出。这种情况下，国家财政支出的仅是保险、运输和落地费用等。

另一种方式是国内主办方自主决策的展览，比如 2012 年上海当代艺术博物馆的开馆大展“电场：超越超现实——法国蓬皮杜中心藏品展”[②]，中华艺术宫的开馆大展“米勒、库尔贝和法国自然主义：巴黎奥赛博物馆珍藏”[③]，这类展览需要向外方支付借展费以及其他费用。

2014 年，中华艺术宫举办的西方经典艺术展有两个，分别为“鲁本斯、凡·戴克与佛兰德斯画派——列支敦士登王室珍藏展”[④]和“蒙卡奇和他的时代：世纪之交的匈牙利艺术”[⑤]。同时期在上海博物馆举办的特展是“安纳托利亚文明：从新石器时代到奥斯曼帝国”[⑥]和“圣境印象——印度佛教艺术展”[⑦]。

整个 2014 年的特展，最值得关注的是“印象派大师·莫奈特展”，由民营资本上海天协文化发展有限公司投资，在上海 K11 购物艺术中心举办，无论运营模式还是展览场地，在多个维度上都打破了高端艺术特展几十年来所维持的行业格局。

无论是公立美术馆、博物馆主办，还是由民营资本出资，外国经典艺术类特展都有一些共同的特点。①成熟的国际巡展项目中，多是由展品出借方进行作品选择、对作品展示脉络进行组织与策划，对展陈标准进行规定。因此，在展品内容方面，落地主办方可以挑选作品的余地并不大。只有由本地主办方自主决策的特展，在作品选择上才会有较高的自由度。②从展期来说，这些高端国际特展的展期基本都在三个月左右，考虑到高额成本，在条件允许的情况下，有时候也会将展期延长至更久的时间。从档期来说，一个国际巡展通常在展览前几年就开始策划，巡展档期也是提前很久就已经排定，时间的选择余地不大。

①蓬皮杜艺术中心，2003年6月24日~10月13日。

②上海当代艺术博物馆，2012年12月16日~2013年03月15日。

③中华艺术宫，2012年11月16日~2013年2月13日。

④中华艺术宫，2014年3月12日~6月2日。

⑤中华艺术宫，2014年10月28日~2015年1月8日。

⑥上海博物馆，2013年11月19日~2014年2月20日。

⑦上海博物馆，2014年12月3日~2015年2月2日。

高端艺术特展进商场的特别案例

“印象派大师 · 莫奈特展”分析

“印象派大师 · 莫奈特展”是 2014 年最受关注的特展之一，展览在位于上海市淮海路的 K11 购物艺术中心举办，3 个月的展期中共吸引了近 40 万观众。

这一展览的成功，总体提升了公众看特展的热情，开辟了高价值经典艺术展进商场的先河，开始将高端艺术特展与休闲娱乐联系在一起。

展览名称	印象派大师 · 莫奈特展
举办地点	上海 K11 购物艺术中心 B3 层
场地性质	商业综合体中的艺术场馆
举办时间	2014 年 3 月 8 日~ 6 月 15 日
展期延续	97 天
主办方	上海天祥实业有限公司 上海天协文化发展有限公司 马摩丹莫奈博物馆 K11 Art Foundation
策展人	谢定伟，Marianne Mathieu
展品内容	克劳德 · 莫奈创作的绘画作品，莫奈收藏的绘画作品和莫奈使用过的物品
展品来源	马摩丹莫奈博物馆
展品数量	55 件
展示面积	800 平方米（分为 2 个展厅）
票价	日常票 100 元，预售票 70 元
参观人数	近 40 万人次
主要赞助商	周大福珠宝
衍生品种类	近 100 种
巡展路线	台北—上海

* 本文图片由主办方提供

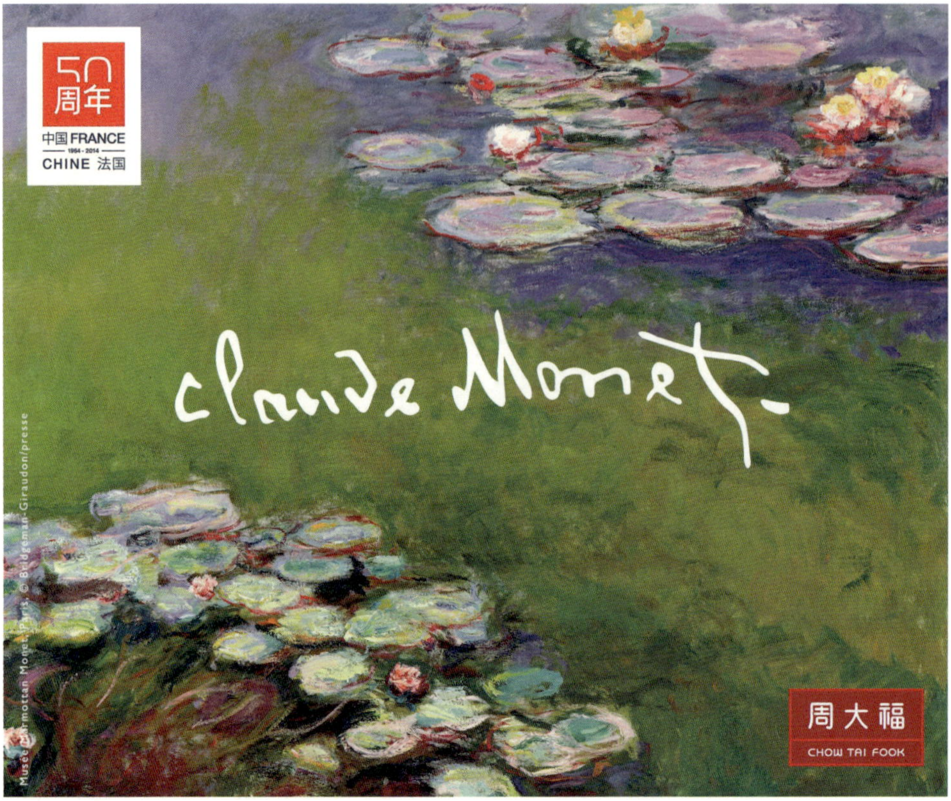

周大福真诚呈献永恒艺术

印象派大师·莫奈特展

MASTER OF IMPRESSIONISM - CLAUDE MONET

2014.3.8 - 6.15

每日（除周四外）: 11:00-20:00 | 周四: 11:00-18:00
Daily (Except Thursdays): 11:00-20:00 | Thursdays: 11:00-18:00

chi K11 艺术空间－上海 K11 购物艺术中心 B3 层
chi K11 art space – B3 Shanghai K11 Art Mall

联合主办 | ORGANIZERS
HIGHPOWER 天祥　天协 TIX-MEDIA　Musée Marmottan Monet　K11 ART FOUNDATION

特别支持 | SPECIAL SUPPORT
上海市对外文化交流协会 Shanghai International Culture Association

展览设计 | EXHIBITION ARCHITECT
IDEAA3

艺术品运输 | ART TRANSPORT
TOLL　BAL

指定灯光 | LIGHTING
BRIGHT

莫奈花园支持 | MONET GARDEN
EcoG

合作伙伴 | PARTNERS
AIRFRANCE　pébéo　SENNHEISER

法律服务 | LEGAL SERVICE
上海市万达律师事务所

战略媒体合作 | STRAGTEGIC MEDIA PARTNER
ELLEMEN 睿士　ELLE　marie claire

媒体支持 | MEDIA SUPPORT
腾讯·大申网

票务 | TICKET　格瓦拉生活网　www.gewara.com　4000-406-506

主办方与立项决策

上海天协文化发展有限公司（后文简称天协）成立于2011年，是一家致力于引进国外高端特展的专业特展公司，曾先后主办过“2011毕加索中国大展”、“流金五十年：007电影设计展”、“积木狂想季”和“印象派大师·莫奈特展”（后文简称莫奈展）等特展。天协并非第一家以民营资本投资特展的公司，但成立几年来，持续引入多项高规格、高成本的特展，使天协文化在特展行业中具有了举足轻重的地位。

参考案例 1
“2011毕加索中国大展”在上海世博园中国馆举办，展期从2011年10月18日至2012年1月10日，由巴黎公立毕加索美术馆与上海天协文化发展有限公司联合主办，包括48幅油画、7幅版画和7件雕塑，共计62件作品，作品保额为60亿元人民币。票价为平日票80元人民币，周末票120元人民币。85天展期中，共有约20万人次参观。

上海K11购物艺术中心（后文简称K11）开业于2013年，与成立于2010年的K11 Art Foundation紧密相连。K11倡导在商业、购物环境中融入“艺术、人文、自然”，尤其对当代艺术投以巨大关注，商场内陈列了大量当代艺术作品，还拥有独立的艺术展示空间，开业以来一直持续举办各种艺术展览与讲座。

在2011年举办毕加索大展后，天协将引进高端展览的目光转向比毕加索更早期的印象派画家，在中国，印象派可能是公众接受度最高的西方艺术流派。莫奈展中，天协负责引进项目、投资与运营，K11 Art Foundation负责提供位于上海K11购物艺术中心B3层的展览场地，无场租，亦无票房分成。

内容接受度
正负声量比 16:1

正声量：观众们能够看到“经典艺术流派”的“大师之作”、“代表之作”、“真品”，认为这是一场“高艺术含量”的展览，“机会难得”，得到“艺术熏陶”。
负声量：自身不具艺术专业背景的普通观众往往表示“看不懂”、“不得欣赏之道”；有一定专业知识的观众认为这次展览对莫奈不同时期的作品“覆盖不全”。

内容研发

莫奈展中共有55件展品，其中莫奈本人绘画作品40件，莫奈所收藏的同时代画家作品12件，莫奈曾使用过的物品3件。展品分成五个部分，依时间线索划分，包括“讽刺肖像画”，这是莫奈少年时期绘制的一些夸张变形的纸上讽刺肖像画；“永恒莫奈”是莫奈晚年在眼疾的困扰中所绘制的作品；莫奈最为著名的花卉与风景作品分别被组织进“莫奈花园”与“光影诗篇”两个部分；此外，“朋友与肖像画”是他所收藏的雷诺阿、尤金、莫里索以及卡耶博特等同时代艺术家的作品。

参考案例 2
莫奈展在台北的名称为“印象·经典——莫内特展”，展期从 2013 年 11 月 14 至 2014 年 2 月 16 日，由联合报业金传媒集团与台湾历史博物馆主办。预售单人票 180 元新台币（约 36 元人民币），展期全票 280 元新台币（约 56 元人民币），学生与老年人优惠票 250 元新台币（约 50 元人民币），儿童免票。根据 2013 年《台湾历史博物馆年报》中所公布的数据，94 天展期中共有 208,674 人次观展。

克劳德·莫奈（Claude Monet，1840 ~ 1926 年），法国画家，印象派代表人物和创始人，擅长光与影的实验与表现技法。他是法国最重要的画家、也是在当今国际艺术品市场中作品价格最高的艺术家之一。

莫奈展的作品来自法国巴黎的马摩丹莫奈美术馆，这是世界上收藏莫奈作品最多的美术馆，莫奈最著名的作品《日出·印象》即为马摩丹莫奈美术馆的典藏。该美术馆的大部分莫奈藏品来自于莫奈之子米歇尔·莫奈①在 1966 年的遗赠。

本次展出的 55 件作品，媒体广泛报道其展品总价值近 50 亿元人民币。

莫奈展是一个巡展，分别在台北和上海共展两站。由于上海与台北两地在语言与文化上的高度接近，上海主办方可以从台北的莫奈展中借力不少，其中包括展览画册、现场作品介绍以及语音导览等大量作品介绍文字的组织与翻译。即使如此，这项工作也绝不是繁转简这么简单：在对外国人名、地名的翻译中，台湾与大陆所采用的译名多有不同；台湾与大陆在语言习惯和表达方式上也存在差异，因此所有文字仍然需要经过大量的校译与整理。

总体上来看，莫奈展的展览内容属于作品市场价值极高、艺术价值极高、创作者公众知名度极高、展品稀缺性极高，同时，又是观众互动体验度极低的一类展览。在这类展览中，主办方在选择、梳理作品等学术工作中能做的非常有限。

① 米歇尔·莫奈（Michel Monet，1878~1966）是克劳德·莫奈与卡蜜儿·汤希尔（1847~1879）最小的儿子，于1966年因车祸去世。米歇尔·莫奈是莫奈最后在世的直系后代，他自己没有孩子，因此便将全部收藏捐赠给了马摩丹莫奈美术馆。

现场管理

展厅面积共800平方米，分为2个展厅，另外还有一个放映厅。活动区和衍生品销售区约1000平方米。相较于莫奈这类极高价值艺术品展示的硬件要求，K11的硬件设施存在很大的差距，包括运输通道、展示面积、层高、灯光、恒温恒湿设备等明显不足。这对投资方来说通常意味着更高的搭建费用，对于出借作品的外方美术馆和保险公司来说，也意味着更高风险。

负责莫奈展展厅设计的是法国设计师Margo Renisio女士，她拥有丰富的艺术展陈设计经验，并在上海生活多年。天协文化总经理谢定伟先生介绍说："法国的美术馆方面本来对在商场里举办这个展览非常担心，但对Margo女士的信任，还有法领馆的担保，让法国方面勉强同意可以在商场中办展。"

在整个莫奈展的现场运营中，最为突出的现象是排队，高峰时段长达一两个小时的等待成为整个展览被广泛传播的主题词之一。造成排队的主要原因是展厅面积小，无法快速消化客流，另外，售票和入场的等待区域过小也使排队问题进一步凸显。

专业展览场馆在设计时就充分考虑了购票和入场时的人流安排并预留空间，但因为K11是由旧商场改建而来，其空间很难满足这种大人流量的要求。由于场地限制，展览的人流动线分布在B2和B3两个楼层，其中B2层通向地铁。观众从B2层的售票处购票后，通过设立在B2层扶梯口的检票口进入B3展厅，并再次经过一个等候区后正式进入展厅。

B2层售票处前的等待区约100平方米，在开幕首日就发生拥堵，其原因是，虽然现场设有四条售票通道，但持预

+ -

导览素材
正负声量比 7:1

正声量：借助语音导览，大部分观众在原来"看不懂"的基础上对展品和作者有了进一步的了解，提高了观展的参与度；另外一部分接受人工导览的观众也普遍反映比较有收获。
负声量：最多的是认为导览设备的租用价格过高，其次是语音导览中的内容深度不能满足观众的求知欲。
从新浪微博的曝光内容来看，使用导览设备的观众远多于接受人工讲解的观众。

莫奈展的展厅

售票与现场购票的各类观众混排在各条队伍中，造成出票效率低。这一情况在开展第二天就有所改观，主办方将四条售票通道分别按预售票、电子票和现场购票等方式进行分流，在现场放置电子换票机，并在排队区安排工作人员进行疏导，非常有效地缓解了购票排队的问题。

+ -

展览场地
正负声量比 1:2

正声量：K11 场地本身的规格和档次。一方面来自主办方、媒体等对场地的宣传，另一方面则来自观众们对 K11 的认同。
负声量：被"投诉"最多的是场地面积小，展览空间局促。其次是灯光问题，观众们往往能感觉到"作品表面的反光很厉害"。此外还有"空调温度太低"、"报警器一直在响"等抱怨。

另一个频繁出现排长队的地方是入场等待区，这一情况持续了整个展期。主办方按照展区面积和观展体验进行综合测算，确定展厅内同时在场的人流上限是 400 人，观众进出场采用现场目测实时调控。B3 层展厅门口的等待区不足 200 平方米，售票处所在的 B2 层与地铁口相连，两个楼层都无法容纳大量人流。

为避免人流拥堵，观众买票的同时会拿到一个排队号，主办方在开幕几天后还在现场增加了一块叫号的电子屏，显示当前入场号码和等待人数，并告知观众一个大概的等待时间，过号的观众可以直接进场，鼓励观众分散到其他区域。这种方式虽然不能从本质上解决排队问题，但极大地缓解了现场的人流压力，让观众可以更自由地利用等待时间，同时，又为 K11 商场及周边商圈带来了大量客流。

排队被观众广泛抱怨，降低了展览的美誉度，也暴露了场地硬件和管理问题。但排队所带来的正面效果更为明显，所营造出的“全城关注、不可不看”的舆论氛围，也同样是莫奈展票房成功的重要因素。

+ -

人流量口碑
正负声量比 1:5

正声量：媒体对展览“热门”程度的宣传，通过宣传广受“追捧”。
负声量：两大主要问题是排队时间长和展厅内部拥挤，进而导致观画视线严重受阻，甚至在现场缺乏引导管理的情况下发生人流对冲，在缺乏配套服务的情况下给携带大件行李观展的观众和其他人造成极大不便。
相对于大多数来自媒体的正面反馈，负面的声音则大部分来自个体观众。

推广与票房

天协文化首次发布莫奈展的展览信息是2013年12月底，通过其官方微博和微信平台链接至大众点评的一条团购信息：1张门票加1本展览画册，原价488元，团购价100元。在这条信息中，还没有公布展览的具体时间。

莫奈展大规模的推广从2014年2月初的春节假期结束后开始，到3月8日展览正式开幕，1个月的预热期里，主办方通过格瓦拉、大众点评等线上渠道销售了共约13万张价格为70元的预售票。

莫奈展的标准票价是100元，票价是根据成本倒推以及对市场接受度的综合判断而来。除了前期线上预售的合作方格瓦拉与大众点评，整个展览期间的票务合作伙伴是格瓦拉。格瓦拉在线销售了共75849张门票①，此外还有一些线上代理渠道如大麦网，旅游类平台如携程、驴妈妈等。

从数据和现场监测来看，现场以现金或信用卡购票的观众仍是主流，这可能和观众的购票习惯以及票务方案里没有线上优惠价有关。

推广渠道方面，与之前天协主办毕加索展时大量购买媒体广告不同，莫奈展除了新闻发布会和一些基本的媒体费用之外，没有投放任何媒体广告。K11方面提供了场地周边的电子屏、道旗等广告位资源。天协和K11对展览的宣传推广基本都在线上渠道完成，主要包括微博、微信等社交媒体，以及有票务合作关系的票务代理平台。

①格瓦拉网站数据。

朱尔·谢雷　巴黎女子　油画（莫奈收藏的作品）

克劳德·莫奈　帆船·夜晚印象　油画

K11 从 2014 年 2 月中旬开始在自己的微博、微信等平台上推广莫奈展，展览期间平均频率为每天 1~2 条。除了“转发赢门票”、“志愿者招募”等活动，还积极与其他平台合作，包括与“iStyle 爱搭配”合作推出的“我有一个秘密花园：文艺自然风”搭配比赛，与网易 LOFTER 合作推出的“莫奈特展·我拍过的桥”摄影比赛和“莫奈特展·启蒙我的画”等活动，鼓励公众晒照片，提升展览与公众的互动体验。

除了带动莫奈展的整体人流，K11 的另一个核心诉求是将看展人流转化成商场消费者。除了消费满额送莫奈茶杯垫这类常规推广外，他们推出的“印象派的致意——Back to 1890s”，是从 3 月到 5 月的三个月里，在 K11 商场当月累

展览期待度
正负声量比 10:1

正声量：潜在观众直接地对展览表示“想去”、“一定要看”等高度意向，另外小部分观众因自身原因无法观展而遗憾，从侧面表达了对展览的期待。
负声量：展览票价过高、展览场地不够专业、以及展览人流量较高等原因。

积消费最高的会员，可以赢取包括商务舱往返机票和五星级酒店的法国 6 天 4 晚双人自由行。

天协的宣传频率相对较低，平均 3~4 天发一条。前期推出的主要是对莫奈人生故事、参展作品故事、印象派和艺术史普及等知识性的文图信息。展览期间则多是对一些现场事件的播报，包括陈佩秋、刘嘉玲、赵薇、宋丹丹、曹可凡等名人、明星到场看展等。活动组织上，天协曾推出与 UME 影院合作的赢取电影票活动。最有影响力的是展期接近尾声的六一儿童节当天，主办方与上海特殊关爱基金会、东方童画等举办了"让爱继续 · 莫奈展特殊关爱"的慈善拍卖活动，并邀请体育明星姚明到场。

从双方各自微博微信平台上推出的信息不难看出，K11 与天协的推广是各自为政的，他们甚至不会转发对方主导的活动。

观众

+	-

秩序管理
正负声量比 1:5

正声量：现场"有很多保安"，有管理人员尝试制止拍照行为。
负声量："不断"有管理人员出面制止拍照，"很大声，很吵"，而且态度也比较生硬。此外，现场动线混乱，也会被观众归咎于秩序管理的疏漏之一。

2014 年 6 月 15 日，莫奈展结束，主办方最后对外公布的观众总量是近 40 万人次。根据第三方与主办方现场观测和抽样数据，可以总结出这 40 万人的一些总体特征：

男女比例大约为男性 30%、女性 70%，尤其以年轻女性为最多。多为男女朋友、学生群体、家长带小孩，很少有青年男子结伴。

整个展期的观众分布中，开展第一个月的日均观众量在 3000 人次左右，第二个月攀升至 4000~5000 人次，第三个月出现 6000 人次以上的单日客流。

单日的观众分布中（展览开放时间为每天上午 10 点至晚上 8 点），观众入场的高峰时间聚集在上午 10 点至下午 3 点，一般下午 4 点以后人流会减少，5 点之后直到闭馆是人流最少的时段。为带动晚上的人流，主办方还曾推出过有折扣的晚间票，但并未起到太大效果。

观众在展厅内的停留时间一般是 30~60 分钟。

在观众行为方面，在展厅内观展时的整体文明程度较高，较少听到主办方对观众在展厅内大声喧哗或触摸展品的反馈。家长带子女来学习大师作品是一种值得关注的行为。展厅内不允许拍照，但拍照仍然是出现较多的负面行为，大部分拍照观众的行为在工作人员口头制止后有所收敛。

衍生品

莫奈展的礼品商店由天协文化独立运营，现场销售和收银系统也是由天协统一管理。商品来源分为自主开发与采购，品牌合作两种类型，商店格局也粗略分为自主开发区与品牌合作区。除了与雅昌合作的书籍销售专柜以外，全场商品中，自主开发的商品占到种类的八成以上。

自主开发商品的品类非常丰富，几乎涵盖了一般衍生品开发的全部门类，除了画展必备的纪念画册和明信片之外，还有办公用品如电脑包、iPad 包、手机壳、U 盘、鼠标垫、记事本、名片盒等，家居用品如盘子、杯子、杯垫、抱枕、小镜子、烟灰缸等，服装配饰如卫衣、帽子、丝巾、手包、零钱包，其他还有针对儿童的拼图、填色画等，以及针对高端市场的限量版版画等。价格覆盖面从 10~4000 元不等，主体集中在 10~100 元、200~800 元。如一套明信片（20 张）60 元、展览大画册 398 元、印有莫奈作品的零钱包 38 元、小手袋 260 元。

进行品牌合作的商户有八家左右，除了雅昌的艺术书籍专柜以外，还有帽子饰品、花卉、瓷版画等商品门类，总体上，品牌合作的商品都和莫奈的画面或是展览中的展品有某

+	-

衍生品
正负声量比 4:1

正声量：文件夹、明信片等文具和艺术类书籍的性价比相对较高，衍生品的种类选择也比较宽。小部分购买了画册的观众对其纸质和印刷表示了肯定。
负声量：大部分对画册有兴趣的观众都觉得其价格偏高。还有一部分观众对个别产品的质量，尤其是印刷的色差感到不满。

些关联。例如，销售帽子的专柜中就有双方共同开发的莫奈画面中出现过的相似款手工制作女帽；商店中出售的陶瓷烟斗是全国工艺美术大师的限量版作品，这呼应了展品中出现的莫奈使用过的烟斗。烟斗、帽子等价格均超过2000元／件，属于衍生品里的高价值商品。

总体上，相较于近两年上海各个特展中的衍生品，莫奈展衍生品的产品研发与销售策略是比较成熟的。在展期接近尾声时，礼品商店结合各种活动进行了大量的买赠与折扣活动，使最后的库存商品价值只占其总成本的0.2%左右。

其他营收

莫奈展的运营由天协负责。赞助回报主要是Logo露出、赠票、画册礼品和专场活动等。赞助形式包括现金赞助与实物赞助，或者两者组合。综合展览的现场背景版、公开海报和画册上的鸣谢信息可以看出，周大福是本展最大的赞助商。

专场活动主要是企业客户购买，可以在晚间时段开辟一个企业专场用于该企业的宣传或客户答谢活动。

在活动组织方面，天协组织了一些公益性、教育性的公众推广活动，包括针对儿童艺术教育的"小小艺术家——走近印象派大师莫奈"贝碧欧儿童绘画体验活动。

在与其他第三方的异业合作上，天协与K11也分别调动了自己的社会资源与品牌资源，K11方面具有明显的资源和经验优势。但总的来说，所有双方开发的异业合作，更多的是为推广展览信息，以在总体上提高票房与人流量为目的（此类异业合作在前文关于传播的章节中已有介绍），而较少有直接从异业合作中产生营收的项目。

总结

莫奈展能够获得票房成功，其显而易见的原因是展览内容的质量过硬，展览场地的交通与周边配套服务便捷。此外还需注意的是主办方在成本控制和推广宣传上的因素。

K11 提供免费场地，并且没有任何票房分成，这对投资方和主办方天协文化来说是节约了一大笔成本。另一方面，因为 K11 的硬件限制，天协需投入一笔搭建费用以使场地可以符合莫奈展这类高端特展的硬件需求。从表面上看，这一进一出似乎扯平了，但还要考虑的另一个因素是，当下上海除了专业美术馆之外，很少能找到符合莫奈展要求的场地，只要是在非专业场地办展，这笔搭建费用就必然要支出。

在成功的光环下，一个比较容易被忽视的因素是，将场地放在 K11 也使展览伴随着极大风险。如果马摩丹莫奈美术馆坚持要求在专业场馆展出，那有可能会导致这次莫奈展的流产。或者，如果因为搬运通道等场地原因而导致作品在搬运过程中受到损坏，那对于任何参与方来说都会构成难以挽回的损失。

展览在传播上的成功很大程度要归因于其正好赶上微信平台的快速上升期，公众对于微信朋友圈中所推荐信息的信任度，以及对在朋友圈里秀生活的热情度，在那段时间都处在高峰期。另外，格瓦拉、大众点评等在线票务销售平台，基于其强大的用户数据库、高度精准的定向推送，使展览信息可以准确地推送至潜在观众。

作为承担投资风险的天协，其商业诉求集中在票房收入和衍生品销售，从结果来看，天协也确实从这些项目中获得了理想的营收。相较于之前举办的几个展览，天协在莫奈展上的收益是最大的。从长线来看，天协虽然是一家民营公司，但是几年间接连投资主办的毕加索和莫奈两个大展，使天协在与海外重量级博物馆、美术馆合作时拥有了更多的话语权。

K11 不收房租，也不参与票房分成，其利益首先来自从展览观众到商场消费者的客流转化，据媒体报道称，在整个莫奈展期间，K11 的整体营业额提高了 20%。从长线来看，莫奈展夯实了其在商业地产中的前沿地位，进一步确认了其艺术与商业结合的道路的可行性。

新浪微博平台曝光数据监测

“印象派大师·莫奈特展”新浪微博平台曝光量
（单位：条／日）

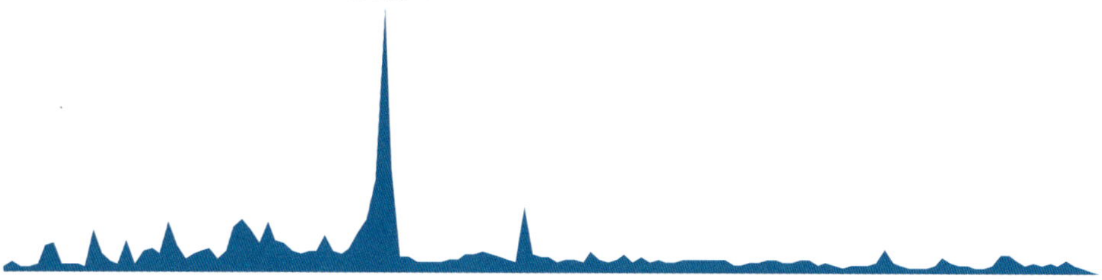

监测周期：2014 年 2 月 7 日 ~ 6 月 22 日（开展前一个月 ~ 展览结束后一周）
总曝光量：24843 条微博

在主办方的前期预热下，到开展前一个月莫奈展的曝光量达到日均 70~80 条（2014 年 2 月 7~11 日），之后一些艺术类公众号也开始加入宣传，如 @ 新浪收藏、@ 雅昌艺术网官方微博等。随着展览宣传的逐渐铺开，微博曝光的主要输出端口大多是受平台认证的企业公众号。

最先介入的是主办方。@ 天协艺文展虽然预热启动较早，但无论是其推广的内容，还是自身的粉丝数量，在很大程度上限制了传播力度。@ 上海 K11 的粉丝量更高，它在开展前三周（2014年2月18日）发布了一条关于预售票（70元/张）和转发抽奖送票的微博。这条微博在发布当天、2月22日以及2月27日都达到了300条左右的转发量，形成了一次曝光高峰。@上海K11所发微博的曝光量在监测周期内达到了6300多条，超过总曝光量的1/4，这与其自身长期的品牌塑造和受众培养是分不开的。

其他相关公众号在推广时也多采用转发赠票的方式来争取曝光，如作为展览合作方的@Perrier中国、@网易轻博客LOFTER、@泛文中国等。从目前的曝光数据来看，这种方式是最具成效的，但具体效果还是取决于发布者本身的发布方式及其自身的粉丝量基础。在发布方式上，“微博活动”是一个相当有效的平台①。例如，在3月25日莫奈展的日曝光量达到了最大峰值，相关微博在当天共计了2439条。其中当日的2300多条微博是关于@上海K11在新浪“微博活动”平台发起的一次转发赠票活动，此条信息在3月21日发布之后，莫奈展的曝光量随其转发量的上升而一路走高，直至3月25日达到峰值。

除了转发赠票这种常见的活动之外，本次莫奈展的推广中还有几项其他形式的推广活动。如2014年3月18日的曝光量为600条，其中被转发最多的是由@豆瓣电影发起的，借莫奈展大热之机，推荐了与印象派相关的某BBC迷你剧，得到了很多人的关注；这在某种程度上也是豆瓣借文化热点之势的一次自我宣传。同时，由@上海发布发起的“莫奈系列地铁票”活动信息也从当天开始发酵，成为之后一段时间内曝光的常见内容之一。

从这些公众账号发起的活动时间节点来看，它们更倾向于在周末（前）发布消息；即使不在这一时间段发布，这些微博在大多数情况下也会在周末时得到更多的关注和转发。

到了展览的中后期，公众账号的曝光量占比逐渐被个人

① 新浪微博的“微博活动”平台是一项介于活动发起者和参与者之间的线上活动工具，在该平台上发起的活动往往更能获得微博用户的关注和参与。

声量所取代。随着展期接近尾声，之前大受欢迎的“转发赠票”变得不再具有吸引力，此类微博逐渐消失，展览整体的热度也在下降。但同时，个人原创的对展览的观后反馈开始占据主导。2014 年 5 月末开始，曝光内容中 60%~80% 以上为观众在看过展览之后在微博上发表的反馈。这一趋势在展览结束后又基本维持了一周。6 月 22 日之后，莫奈展的话题热度开始消失，基本上不再有曝光。

中国传统艺术类特展

>>

在各种类型的特展中，中国传统艺术类特展的数量属于极少之列，仅比西方传统艺术特展略多一点。

传统艺术珍品大多已经收藏在公立博物馆中并作为常设展览展出，这也是观众欣赏此类展览的主要途径。这类作品偶有巡展，基本都是在各类公立美术馆之间进行。

以展示古代艺术为主的上海博物馆新馆自 1996 年建成后，近 20 年里共举办过近百个特展。这些特展总体上分四种类型：未进入常规展示序列的馆藏作品主题展，与国内其他博物馆的巡展或交流展，其他国家的博物馆的巡回展或交流展，以及重要艺术家的回顾展。这其中，前两类特展基本都是以中国传统艺术（文化）为主。未进入常规展示序列的馆藏作品主题展如“上海博物馆藏历代花鸟画精品展”[①]、“申城寻踪——上海考古大展”[②]，与国内其他博物馆的巡展或交流展如“晋国奇珍——山西晋侯墓群出土文物精品展”[③]、“书画经典——故宫博物院、上海博物馆中国古代书画精品展”[④]、“周野鹿鸣——宝鸡石鼓山西周贵族墓出土青铜器”[⑤]。

古代艺术珍品中也会有一些作品通过拍卖在市场上流通，但一般来说，很少有一个藏家所收藏的古代艺术作品能够达到撑起一个展览的级别。2012 年，随着龙美术馆的建成，收藏家刘益谦与王薇夫妇数量与质量都极其惊人的艺术品收藏有了一个向公众公开展示的场所。过去几年间，龙美术馆举办过的“龙章凤函：龙美术馆中国传统艺术馆藏展”[⑥]、“龙雏凤种：龙美术馆藏溥儒书画展”[⑦]、“朱见深的世界：一

①上海博物馆，1998年5月12日~6月14日。

②上海博物馆，2014年6月1日~8月31日。

③上海博物馆，2002年5月1日~7月30日。

④上海博物馆，2005年12月30日~2006年2月4日。

⑤上海博物馆，2014年11月13日~2015年3月1日。

⑥龙美术馆（浦东馆），2012年12月19日~2013年4月20日。

⑦龙美术馆（浦东馆），2013年10月26日~2014年8月31日。

位中国皇帝的一生及其时代——成化斗彩鸡缸杯特展”、“意趣与机杼——龙美术馆藏明清书画展”[①]等都是对龙美术馆的馆藏进行梳理后组织出的特展。

2014 年的中国古代艺术特展，在品质上存在明显的两极分化。品质较高、作品来源可信的特展都出现在上海博物馆和龙美术馆这两个展览场馆中。某种程度上说，龙美术馆已经成为公立美术馆之外，展示与推广中国传统艺术最重要的阵地之一。

① 龙美术馆（西岸馆），2015年3月14日~2015年6月8日。

一个天价杯子引发的特展

“朱见深的世界：一位中国皇帝的一生及其时代——成化斗彩鸡缸杯特展”分析

2014 年，中国艺术品交易市场上最引人瞩目的事件便是收藏家刘益谦以 2.8 亿港元的价格拍下明成化斗彩鸡缸杯。8 个月之后，围绕着这个天价杯子而策划的“朱见深的世界：一位中国皇帝的一生及其时代——成化斗彩鸡缸杯特展”在刘益谦的私人美术馆——龙美术馆开幕。

展览名称	朱见深的世界：一位中国皇帝的一生及其时代——成化斗彩鸡缸杯特展
举办地点	龙美术馆（西岸馆）
场地性质	民营美术馆
举办时间	2014年12月19日~2015年2月8日
展期延续	52 天
主办方	龙美术馆 上海西岸开发（集团）有限公司 景德镇御窑遗址博物馆
策展人	谢晓冬
作品内容	龙美术馆馆藏之明成化斗彩鸡缸杯等明代瓷器 3 件，龙美术馆馆藏唐寅《金阊送别图》、文徵明《兰亭修禊图》等明代书画 5 件，景德镇御窑遗址博物馆借展瓷器作品
作品来源	龙美术馆藏品，景德镇御窑遗址博物馆藏品
作品数量	约 20 件
展示面积	900 平方米
票价	50 元
参观人数	近 5 万人次
主要赞助商	无
衍生品种类	鸡缸杯复制品
巡展	无

* 本文图片由主办方提供

朱見深的世界
一位中國皇帝的一生及其時代
成化鬥彩雞缸杯特展
THE WORLD OF ZHU JIANSHEN
A Chinese Emperor's Life and His Era
Ming Dynasty Chenghua Period Doucai Chicken Cup
龍美術館
LONG MUSEUM
2014.12.18
2014.12.19 - 2015.2.8
上海市徐汇区龙腾大道3398号，龙美术馆（西岸馆）
3398 Longteng Avenue, Xuhui District Shanghai
开馆时间：周二至周日 10:00-18:00（17:00停止入场），周一闭馆
HOURS: 10:00am-6:00pm, Tuesday-Sunday. Last admission is at 5:00pm. Closed on Monday
联系电话：021-64227636
TEL: 021-64227636

主办方与立项决策

龙美术馆是由中国收藏家刘益谦、王薇夫妇创办的民营美术馆，目前在上海浦东和徐汇滨江同时拥有两个大规模的场馆——龙美术馆（浦东馆）和龙美术馆（西岸馆），是目前国内最具规模和收藏实力的民营美术馆。

刘益谦、王薇夫妇的收藏涵盖中国传统艺术和现当代艺术等各种门类，数量庞大，体系完备，其中“红色经典”系列和中国古代艺术品的收藏尤为突出。刘益谦在接受媒体采访时说，其藏品中见于《石渠宝笈》①著录的约有三十多件②。

龙美术馆举办的展览主要分为三种类型，第一种是以馆藏为基础，邀请著名策展人对藏品进行脉络梳理、作品选择，并形成展览，比如2012年的“古往今来——龙美术馆开馆大展”③；第二种是与龙美术馆收藏脉络相关的艺术展，如“徐震艺术大展”④、“何所示：丁乙个展”⑤等；第三种是承接的展览，如“白银之国——墨西哥，历史与未来”⑥。

2014年4月8日，明成化斗彩鸡缸杯在香港苏富比“重要中国瓷器及工艺品”拍卖会上以2.8亿港元（折合人民币约2.25亿元）被刘益谦拍得，并成为中国瓷器拍卖的最高纪录。三个月后的7月18日，刘益谦在香港苏富比公司办理交接手续时，用这件2.8亿港元的鸡缸杯喝了口茶，其照片广泛流传于网络。

对于龙美术馆来说，将重金拍得的鸡缸杯进行公开展示，是一个完全必然的举动。

①《石渠宝笈》是清代乾隆、嘉庆年间宫廷编纂的大型著录文献，初编成书于乾隆十年（1745年），共编四十四卷。著录了清廷内府所藏历代书画藏品，分书画卷、轴、册九类。作为我国书画著录史上集大成者的旷古巨著，书中所著录的作品汇集了清皇室收藏最鼎盛时期的所有作品，而负责编撰的人员均为当时的书画大家或权威书画研究专家。

②漆澜对刘益谦与王薇夫妇的采访，《艺术当代》，2014年2月刊。

③龙美术馆（浦东馆），2012年12月19日~2013年4月20日。这个展览中包括四个平行展：“新裁：龙美术馆开馆邀请展”、“新续史：龙美术馆现当代艺术馆展”、“革命的时代：延安以来的主题创作展”和“龙章凤函：龙美术馆中国传统艺术馆藏展”。

④龙美术馆（西岸馆），2015年3月29日~5月24日。

⑤龙美术馆（西岸馆），2015年6月7日~7月26日。

⑥龙美术馆（西岸馆），2014年11月13日~2015年3月6日。

鸡缸杯

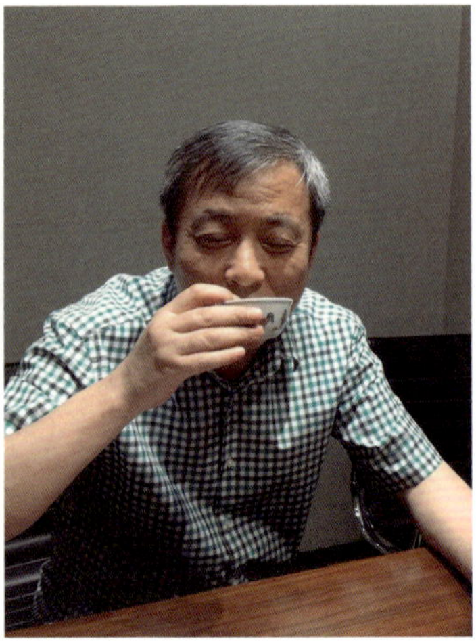

内容研发与现场管理

展览全称是“朱见深的世界：一位中国皇帝的一生及其时代——成化斗彩鸡缸杯特展”（后文简称朱见深展），策展人谢晓冬是北京匡时国际拍卖有限公司的副总经理。

整个展览以成化斗彩鸡缸杯为核心，以实物展品和文献资料展板相结合的方式，试图还原成化皇帝朱见深[①]的时代。展览结构依照典型的历史叙事逻辑分为四个章节，1368~1464：变革的前夜——成化之前的明代社会；1464~1480：传奉选官、万氏专宠与新世风——成化前中期的时代转向；1481~1487：皇帝的美学与斗彩鸡缸杯的诞生——成化后期御窑生产及其时代；历史的回声：斗彩鸡缸杯的流传与鉴藏——后成化时代的文化转向与社会变迁。

要围绕着一个口径 8.2 厘米的小杯子，用一个展览把明宪宗朱见深的人生、爱情和他的时代讲圆满，就需要很多其他展品的配合。展览中的实物展品近 20 件，除了鸡缸杯之外，还有刘益谦本人收藏的一些同时代的器物与书画。器物包括明永乐甜白釉暗花榴开百子玉壶春瓶、明宣德青花折枝花卉

① 明宪宗朱见深（1447~1487），明朝第八位皇帝，1464 至 1487 年在位。朱见深本为太子，“土木之变”后其父朱祁镇被瓦剌掳去，叔父朱祁钰即帝位。到景泰三年（1452），朱见深被废。景泰八年（1457），英宗因“夺门之变”而复辟，朱见深又被立为太子，后于 1464 年登基，改年号为成化。成化二十三年（1487）病逝，终年 41 岁。庙号宪宗，葬在明十三陵的茂陵。

八方烛台。书画包括徐渭的行书五言诗、唐寅《金阊送别图》、沈周《蒲墩倡和图》、吕纪《红梅斑鸠图》和文徵明《兰亭修禊图》。

为了能更完整地勾画出明代成化年间烧制斗彩鸡缸杯的技艺与过程，主办方又从景德镇御窑遗址博物馆借了约 10 件展品，包括明成化青花瓜藤纹宫碗、明成化青花凤穿花纹鹤颈瓶、明成化三彩鸭形香薰等。

整个展览中，明成化斗彩鸡缸杯无疑是最核心的展品。斗彩技艺源于宣德时代将釉下青花和釉上填彩相结合的制瓷工艺，在成化年间走向成熟，斗彩鸡缸杯便是其中的代表。斗彩鸡缸杯烧制于景德镇的御窑，其生产专供皇室，对成品质量的把关极其严苛，稍有瑕疵便作销毁处理。这也是今天鸡缸杯价值连城的原因之一，在全世界范围内的存世仅有十余只①，其中大部分收藏于世界各大博物馆。

鸡缸杯上的图案是两组公鸡、母鸡护卫幼雏的画面，被大量理解为成化皇帝对万贵妃②的情感表达。整个朱见深展也花费大量的篇章来解读鸡缸杯与朱万恋之间的关系。

朱见深展中实物偏少，大量的历史文献资料与故事是以展板的形式呈现的。约 900 平方米的展览面积，从入口延伸至地下一层展厅，并充分利用了下沉式阶梯展厅。为强化这种形式感，龙美术馆还搭建了一个紫禁城风格的场景，从沿龙腾大道的外立面一直沿伸到展厅入口，赭红色墙体，明黄色单檐庑殿顶，屋顶甚至做出了琉璃瓦效果。为了一个展览而进行如此声势浩大的场景搭建，在龙美术馆的历史上还是第一次。

①台北故宫博物院藏 6 件，北京故宫博物院藏 2 件，大英博物馆藏 1 件，大都会艺术博物馆藏 1 件，维多利亚与艾伯特博物馆藏 1 件，龙美术馆藏 1 件。

②万贵妃比明宪宗朱见深年长 17 岁，却是其一生的宠妃。万贞儿（1428～1487），4 岁入宫为宫女。朱见深 2 岁时被立为太子后，时年 19 岁的万贞儿做了他的贴身侍女。之后朱见深经历“土木之变”与“夺门之变”，太子之位失而复得，直到继承皇位，万贞儿都伴其左右，其身份也从侍女变成了恋人。万贵妃 59 岁时病逝，明宪宗在几个月之后病逝，享年 41 岁。

朱见深展期间的龙美术馆外景

传播、票房与观众

曝光内容
展讯：采访报导：个人用户反馈 18:1:1

展览的曝光量非常有限，而且几乎为中性声量，鲜少正面或负面的评价。
其中大部分为展览时间、内容等基本展讯的介绍，少部分内容分别是对刘益谦的采访报道和个别微博用户对展览的正面反馈，如：布展水平高、让人"念念不忘"等。

龙美术馆有两个微信平台，日常发送频率为订阅号一周5次左右，服务号一月4次以内。

在朱见深展的推广中，龙美术馆微信公众号对展览的预热是从预售鸡缸杯复制品开始的。2014年10月29日，其公众号宣布开放三款鸡缸杯复制品的预售，并在这条信息中提及朱见深展将于12月18日开幕。

在展期间，微信平台还利用画册上的内容，每周推送一次"关于鸡缸杯，你可以读懂更多"，对展览内容进行知识性普及。

在其官方微博上，朱见深展的第一条消息是2014年11月26日预发展讯，12月17日开幕式前一天播报了鸡缸杯在西岸保税仓库的出库点交仪式。整个展览的线上推广方面，除了一条匡时拍卖信息外，并没有与其他相关行业及公众大号展开合作。

朱见深展的推广仍以报纸杂志、广播电视等传统媒体为主。鸡缸杯保存在西岸艺术品保税仓库，展览开幕前一天进行的出库点交仪式上邀请了二十余家媒体。整个展览中，在传播上起到比较重要作用的可能是《新民晚报》和上海电视台艺术人文频道。

在票房方面，龙美术馆的常规票价是 50 元，朱见深展并没有推出单独门票。朱见深展在 52 天的展期中，共接待观众近 5 万人次。

展览的票房与传播量、观众构成与传播途径都是密切相关的。龙美术馆提供了这些观众特征的数据：

性别比例约为男性 45%、女性 55%。

30~55 岁是观众主体，同时，和龙美术馆的一般展览相比，中老年观众的比例增加了约 30%。

朱见深展期间，观众比平时有明显增加，增量约为

明永乐甜白釉暗花榴开百子玉壶春瓶和明宣德青花折枝花卉八方烛台

吕纪　红梅斑鸠图　绢本设色　明代

30%～40%。

工作日平均人流500人次，周末和节假日平均2000人。2015年1月6日是免费开放日，客流近10000人。

单日人流高峰是下午1~3点。

朱见深展单个展厅内平均逗留时间约30~60分钟，因为展览中有大量文字，观众一旦进入阅读模式，停留时间会大幅增加。

观众行为中，与鸡缸杯合影拍照是典型行为。

衍生品

除了常规的展览画册，朱见深展的衍生品种类非常之少，只有带有鸡缸杯图案的陶瓷手绘机械腕表和手绘的鸡缸杯复制品。

鸡缸杯复制品在展览开幕前就开始在淘宝预售，分别为御窑典藏版6900元/只、品鉴版888元/只、纪念版288元/只。其中，6900元的御窑典藏版是由御窑元华堂承制，元华堂的创办人向元华是中国御窑工艺传承人。888元和288元的鸡缸杯由龙美术馆在景德镇定制生产，都是手工绘制，两者的差别是杯胎和画工。

鸡缸杯复制品的销售非常火爆。2014年10月29日开始在淘宝预售，加上展览期间的现场销售，前期定制的1万个288元的纪念版鸡缸杯在圣诞节前就已售罄。展览期间，刘益谦本人还亲自在龙美术馆签名售杯，引来众多爱好者的追捧。

龙美术馆也希望借鸡缸杯复制品的热销而带动其浦东浦西的两馆参观，曾推出过购买288元纪念版鸡缸杯送一张两馆联票、买888元品鉴版鸡缸杯送两张两馆联票的活动。

鸡缸杯本身的知名度，从天价文物到刘益谦用鸡缸杯喝茶的照片，让这件2亿多元的天价文物带上一层接地气、幽默的色彩。288元的价格接受度很高，展览期间又正好跨越圣诞和元旦等送礼高峰期，有市场需求。这些是鸡缸杯复制品热销的重要原因。

总结

朱见深展在52天展期中吸引了不足5万人次的参观量，低于主办方的预期。

展览的策展思路和标题颇值得关注，全称是“朱见深的世界：一位中国皇帝的一生及其时代——成化斗彩鸡缸杯特展”。

古代文物展览中常见的特征是展品门类较杂、时间跨度较长、涉及人物较

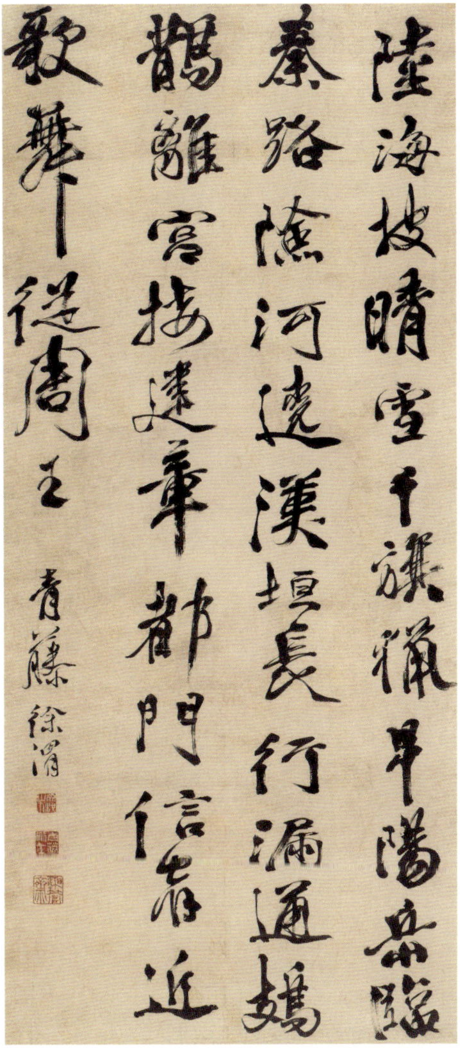

徐渭　行书五言诗　明代

多，这类展览的传统策展思路是以断代、作品类型为主要逻辑。而朱见深展是从一件物品出发，讲述一个人、一个时代的故事。

在展出文物所涉及的时代中抽取一个公众认知度较高的重要人物作为展题，借助人物和故事的传播，强化展览的记忆度与识别度，这是近年在国际特展中出现较多的一种策展策略。如 2011 年在台北故宫博物院展出的“康熙大帝与太阳王路易十四特展”①便是一个经典的案例。

朱见深展虽然展品数量非常有限，但这种要讲故事的企图，在国内同类展览中还是属于一种较新的策展思路。

朱见深展的特别之处在于，鸡缸杯的话题点要远比朱见深多得多，对观众形成核心吸引力的也是鸡缸杯。展题中有三个信息点：朱见深、成化和鸡缸杯。主办方将公众认知度最低的“朱见深”设为主信息点，而将传播性最强的鸡缸杯隐在最后，似乎是有意在回避这个传播热点。

展题核心词语的陌生感，加上展览在宣传上对社交媒体的重视不足，这些应该是观众流量未达预期的主要原因。

①台北故宫博物院，2011年10月3日~2012年1月3日。
展览分成四大单元，第一单元介绍康熙皇帝与太阳王路易十四的个人、家庭、重要事迹等；第二单元阐述当时法国耶稣会士在两位君王间架起的无形桥梁；第三单元重点述说经由传教士与商旅的推介，中法两国在文化与艺术方面的直接接触与模仿；第四单元举例详述双方交会后各自创发的成果。
参展文物的来源：台北故宫博物院 83 件、北京故宫博物院 20 件、上海博物馆 10 件、沈阳故宫博物院 2 件、香港私人收藏家 1 件，还有来自法国的凡尔赛宫、卢浮宫、法国国家图书馆、吉美博物馆等 12 个博物馆的 74 组文物。

当代艺术类特展

>>

当代艺术展览的数量巨大，每一个细分门类的艺术展示都已经经过相当充分的发展，积累了丰富的经验，因而当代艺术类特展在整体上处于一个相当稳定的状态。

从当代艺术类特展的举办场地来看，基本上是美术馆（公立、民营）和商业综合体这两大类。

公立和民营美术馆倾向于将展览的社会效益置于经济效益之上，追求艺术圈与学术界认可置于普通观众认可之上，获得自上而下的“好评”要比获得公众用钱投票的票房更为重要。

商业综合体里举办的当代艺术特展也不太会追求经济效益，很多时候，其主要目的是提升商业空间的文化附加值，带动与活化人流，也因此，商业综合体更看重普通观众的认可，会选择互动性、娱乐性强，以年轻艺术家为主体的低成本展览。

在传播渠道上，从自己运营的微博和微信，到公共媒体的电视广播和报纸杂志网站，公立和民营的艺术场馆都积累了丰富、稳定的媒体资源。新闻发布会与专访、展览期间的曝光节奏和曝光内容等，艺术场馆多年来已形成一套成熟的展览推广流程。但也因为这些流程太成熟，渠道太通畅，使得公立和民营美术馆在面对今天各种移动应用井喷式的发展时，无论是推广还是运营，都显得有些被动，灵活性不足。

传播上另一个困难是，当代艺术高度依赖于理论阐释，这些理论较容易得到媒体关注，但对普通公众来说仍然存在理解难度。

2014 年的当代艺术展中，在公众层面获得较大关注的是“荒木经惟：感伤之旅 / 堕乐园 1971~2012”[①]、“蔡国强：九级浪”[②]和“社会工厂：第十届上海双年展”[③]等。

这些展览中比较值得关注的是“蔡国强：九级浪”。79 天展期中，总参观人数是 73384 人次，日均近千人。50 元的门票是上海当代艺术馆出现过的最高票价。

因为 2008 年北京奥运会开幕式上的烟火大脚印，蔡国强已经成为公众知名度最高的中国当代艺术家之一。他的作品极具视觉震憾力，创作过程也具有相当高的观赏性。在“蔡国强：九级浪”正式开幕前，27 米长的纸上火药草图《没有我们的外滩》和陶瓷作品《春夏秋冬》的创作过程都邀请了媒体和观众到场参观。

蔡国强是高度掌握传播技巧的艺术家。他的作品背后有一套非常强大的理论体系的支持，但是在关于这个展览的报道中，蔡国强本人一直在谈论动物保护与环保——一个所有人都明白的话题。

在这一年间，最成功的当代艺术展当数“草间弥生——我的一个梦”，其兼顾了学术性、趣味性和参与性，叫好又叫座。这个展览将作为重点案例在后文详述。

①上海喜玛拉雅美术馆，2013年9月24日~2014年1月6日。

②上海当代艺术博物馆，2014年08月09日~10月26日。

③上海当代艺术博物馆，2014年11月23日~2015年03月31日。此外还包括以“城市车间”为主题的双年展城市馆项目，分别在上海新天地、上海K11购物艺术中心、上海民生现代美术馆和静安嘉里中心举办。

互动与分享催生的票房成功

“草间弥生——我的一个梦”分析

在105天的展期中，“草间弥生——我的一个梦”吸引了超过33万人次的观众，超出了主办方预期的两到三倍。这是2014年最受关注的特展之一，在观众那里，“贴点点”成了这个展览的昵称，微信上分享现场照片导致展览的传播呈几何级增长，互动与分享，是这个展览票房一路走高最为重要的因素。

展览名称	草间弥生——我的一个梦
举办地点	上海当代艺术馆
场地性质	民营美术馆
举办时间	2013年12月15日~2014年3月30日
展期延续	105天
主办方	上海当代艺术馆 上海市对外文化交流协会
策展人	金善姬，王慰慰
作品内容	草间弥生的绘画、雕塑和装置作品
作品来源	草间弥生工作室，Ota Fina Arts，Victoria Miro Gallery，David Zwirner
作品数量	96件
展示面积	2000平方米
票价	50元
参观人数	约33万人次
主要赞助商	时艺多媒体、浦东香格里拉大酒店等
衍生品种类	10余种
巡展	大邱—上海—首尔—高雄—台中—新德里

*本文图片由主办方提供

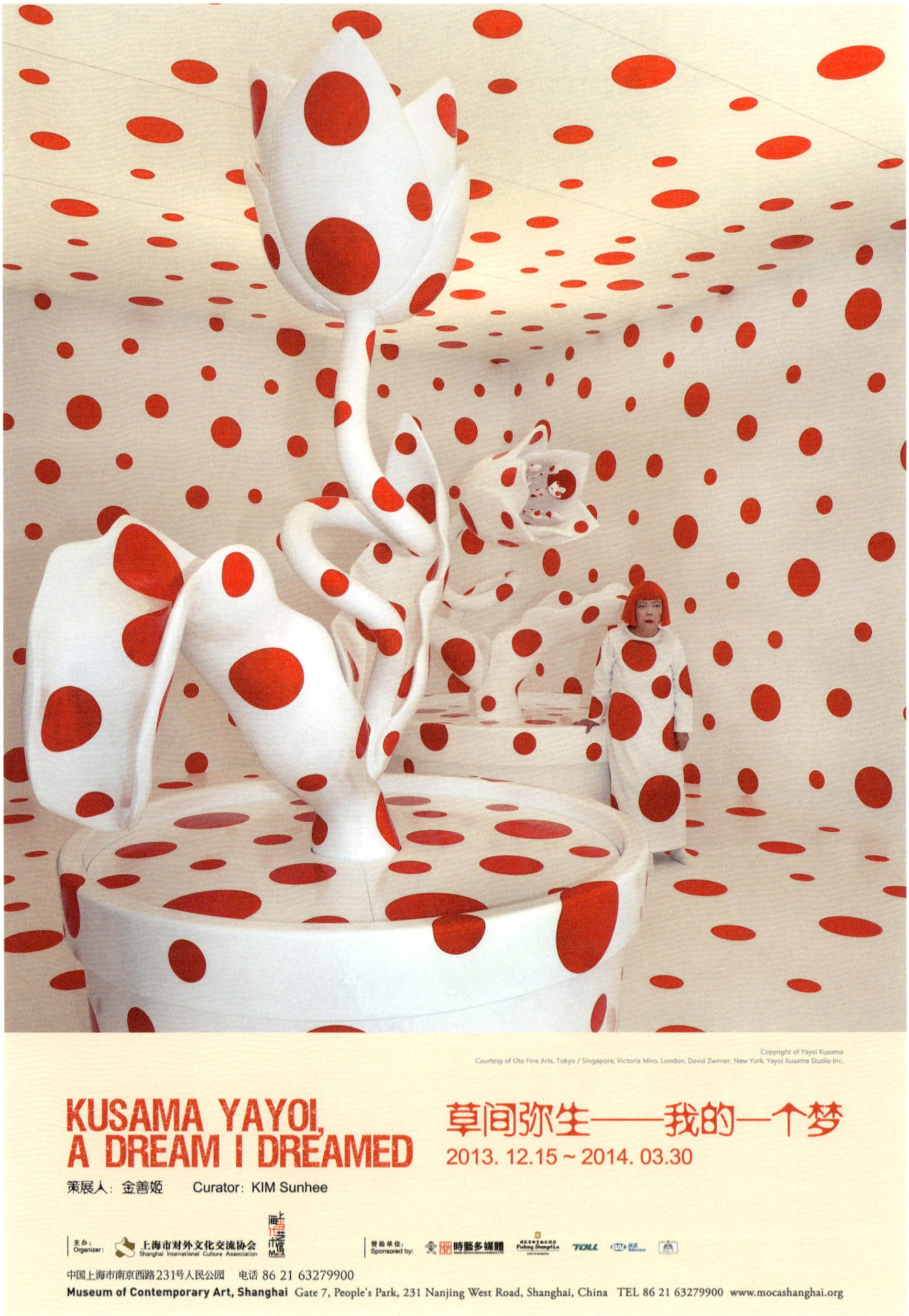
Copyright of Yayoi Kusama
Courtesy of Ota Fine Arts, Tokyo / Singapore, Victoria Miro, London, David Zwirner, New York, Yayoi Kusama Studio Inc.
KUSAMA YAYOI, A DREAM I DREAMED
草间弥生——我的一个梦
2013. 12.15 ~ 2014. 03.30
策展人：金善姬 Curator：KIM Sunhee
主办：Organizer：
上海市对外文化交流协会
Shanghai International Culture Association
赞助单位：Sponsored by：
時藝多媒體
TOLL
中国上海市南京西路231号人民公园 电话 86 21 63279900
Museum of Contemporary Art, Shanghai Gate 7, People's Park, 231 Nanjing West Road, Shanghai, China TEL 86 21 63279900 www.mocashanghai.org

主办方与立项决策

上海当代艺术馆（后文简称 MoCA）是由上海当代艺术馆基金会出资建造的非营利且独立运作的艺术机构，创办于2005年，位于上海市人民公园内。MoCA 定位于面向公众的当代艺术推广，举办过的展览包括当代艺术、设计、动漫、时尚等多个领域。

"草间弥生——我的一个梦"（后文简称草间弥生展）是一个巡展项目，由韩国大邱美术馆馆长金善姬任策展人，其首站也是在韩国大邱美术馆[①]举办。上海之后，又巡展至首尔[②]、高雄[③]、台中[④]与新德里[⑤]等城市。

草间弥生展在 MoCA 举办其第二站的计划是在大邱首展之前半年就已确定。展览能顺利落户 MoCA 基于几个原因，首先是双方多年建立起来的良性合作关系。在草间弥生展之前，金善姬就与 MoCA 合作过"入境：中国美学——上海当代艺术馆文献展"[⑥]、"怀念：东亚当代艺术展"[⑦]等多个展览。其次，MoCA 兼顾艺术性与时尚生活的运营理念与草间弥生的作品高度吻合。第三，草间弥生作品的学术地位在国际艺术界已有共识，她在上海公众中的知名度也有一定基础。

立项及展览准备期间的压力主要来自于对参观人流量的预估。草间弥生此前在世界各地的多次巡回展览中都遇到超大客流。本次巡展首站的韩国大邱美术馆，其地理位置不在城市中心区域，大邱市人口不足 300 万，而草间弥生展有 33 万人次入场，这对于大邱美术馆来说也是一个非常让人吃惊的数字。此外，大邱美术馆的展览面积超过 8000 平方米，而 MoCA 的展馆面积约为 2000 平方米，这也让 MoCA 对其展馆的人流消化能力存在一些担忧。

根据多年的经验，参考之前刚刚结束的"迪奥精神"在 60 天展期吸引 12 万参观人次的数据，主办方对草间弥生展

①大邱美术馆（Daegu Art Museum, Korea），韩国大邱，2013 年 7 月 16 日~11 月 3 日。

②首尔艺术中心（Seoul Arts Centre ,Korea），韩国首尔，2014 年 5 月 4 日~6 月 15 日。

③高雄美术馆（Kaohsiung Museum of Fine Arts, Taiwan）,中国台湾高雄，2015年2月7日~5月17日。

④台湾美术馆（National Taiwan Museum of Fine Arts），中国台湾台中，2015 年 6 月 6 日~8 月 30 日。

⑤印度公立现代艺术画廊（National Gallery of Modern Art, New Delhi, India），印度新德里，时间未知。

⑥上海当代艺术馆，2006 年 9 月 6 日~11 月 15 日。

⑦上海当代艺术馆，2012 年 2 月 18 日~5 月 1 日。

的人流量预期是 12 万~16 万人次之间。

内容研发

+

内容接受度
正负声量比 98:1

正声量：观展结束后，很多人有“震撼”的感觉，觉得“很好看”，尤其对无限镜室更是交口称赞。
负声量：大多数观众反应“抽象”、“看不懂”。另有少部分观众对这样的艺术形式不习惯，不能接受。

草间弥生（Yayoi Kusama）1929 年出生于日本长野县，1956 年移居美国纽约进行艺术探索与创作，现在她被认为是全球最重要的当代艺术家之一。草间弥生作品中最广为人知的视觉符号是黄色南瓜、圆形波点以及镜子等。在 20 世纪 90 年代之后草间弥生开始与时装设计界合作，进一步增强了她的公众知名度。因为从小就患有精神方面的疾病，她现在住在东京的心理治理中心并在附近的草间弥生工作室工作。

本次草间弥生展中共有 96 件作品，包括绘画、装置、视频和空间装置等几个大类。这些作品有 95% 是来自草间弥生工作室（Kusama Studio），另外有少量作品来自于艺术

草间弥生　曼哈顿自杀瘾　视频

草间弥生　波点偏执　空间装置

家的合作画廊。草间弥生展的作品市场价值很高、艺术价值很高、创作者公众知名度较高、稀缺性较高，有些作品的观众互动体验度极高。

绘画作品共 76 件，占绝大多数。根据作品风格与特点，策展人将这些作品分成三个系列："我的永恒灵魂"①（My Eternal Soul）、"永恒的爱"②（Love Forever Series）和"无限的网点和圆点"③（Infinity Net Paintings and Dot Paintings）。因为展览场地的面积限制，上海展览中绘画类作品的数量比大邱有所减少。

雕塑和装置作品包括《南瓜》系列、《再生时刻》（*The Moment of Regeneration*）、《重复的视觉，菲勒斯船》（*Repetitive Vision, phallus Boat*）、《自恋庭院》（*Narcissus Garden*）等，此外还有一件视频作品《曼哈顿自杀瘾》（*Manhattan Suicide Addict*）。

①共 29 件，是艺术家从 2009 年开始着手的一些绘画作品。

②共 32 件，丝网印刷，是草间弥生在 2004 年到 2007 年期间用黑色马克笔创作的黑白绘画。

③共 15 件，是草间弥生在 20 世纪 50 年代去纽约谋求发展时的创作风格。

整个展览中，受到观众关注的是一些体验性、互动性较强的作品。最受观众欢迎的是可以进去贴点点的《洁净之屋》（*Obliteration Room*）、可以进入参观的《无限镜室——灵魂波光》（*Infinity Mirrored Room–Gleaming Lights of the Souls*）等。

一层与二层之间大中庭里展示的《波点偏执》（*Dots Obsession*）包括多个有白色波点的红色球体，其中一些观众可以进入参观；《天堂之梯》（*Ladder to Heaven*），利用了天花板和地面上的镜子反射，让观众在黑暗中看到一个无穷无尽的光之梯。

《我在这里，却了无一物》（*I'm Here, But Nothing*）是一个全封闭的家庭室内空间，有日常的家居用品，整个房间和它的家具都覆盖着荧光的斑点贴纸，在紫外光灯的照射下，观众会感觉所有的东西都是浮在空中的。

《为挚爱郁金香之永恒祈祷》（*With All My Love for the Tulips, I Pray Forever*）是草间弥生为本次巡展而创作的新作品，展览海报使用的便是草间弥生本人在这个作品中的图片。这件作品本身设计为邀请观众进入空间内参观，在波点中体会视错觉的感受。但考虑到现实中的作品安全，在上海展览时，观众不能进入。

现场管理

MoCA 展厅面积约为 2000 平方米，共有四层，其中 1 至 2 楼之间有大中庭，3 楼有展厅和餐厅，4 楼是开放式天台。

因为草间弥生展中有多件尺寸可变的空间装置作品，所以作品的陈列基本上根据现场情况进行调整。作品的排布、动线设计等，也是综合 MoCA、策展人金善姬以及草间弥生工作室的意见共同完成的。

排队是草间弥生展中的一个极其突出的现象。事实上，

草间弥生　无限的网点和圆点系列　绘画

MoCA 自 2005 年开馆以来，从未遇到过这样的高人流。为了消化更多观众，主办方在周五和周六将闭馆时间从下午 6 点延长到下午 7 点（上午 10 点开馆）。

草间弥生展的排队集中在两个环节：一是购票，二是场内几个重点的作品。

因为展览没有引入预售票系统，线上售票也是在展览开幕后一个月才跟进的，所以在开幕后的第一个月里，所有观众都只能在现场购票。开幕首日开馆时，购票观众的队伍就已从展馆排到人民公园七号门（约 500 米）。

MoCA 虽然是一个专业的美术馆，但其建筑在门厅部分的设计并没有考虑到如此大人流的出现，门厅不足 50 平方米的空间，只能容纳两个售票窗口的位置，这也是购票人流无法被迅速消化的原因。

此外，MoCA 地处人民公园之中，当队伍排出展馆时，观众只能在露天环境下排队，高峰时段的最长排队时间长达

\+ -

人流量
正负声量比 1:8

正声量：展览火爆，广受欢迎，从而激起了尚未观展的观众想去现场的热情。
负声量：排队时间长，展厅内人也是“乌泱乌泱”的。

2 小时左右。草间弥生展举办时正是冬天，这对观展体验是一个很大的负面因素，展览也因此流失了一部分观众。

购票后的进场基本没有排队。某些高峰时段偶尔也会有进场限流，最长等待时间约 20~30 分钟。

同时在场的人流上限粗略估计为 1000 人左右，根据现场保安的目测决定是否需要限流。

场内排队集中在《无限镜室——灵魂波光》（后文简称镜室）和《洁净之屋》这两个作品。

镜室是一个四面都是镜子的封闭空间，布满 LED 灯，每隔几秒就更换不同的颜色。这是一个观众可以进入参观的作品，为确保观展体验，主办方设定同时在场人数为 6 人。开幕初期，限定观众在场时间为 2~3 分钟。但随着持续的人流压力，这个时间后来被缩短为 15 秒。高峰时段，镜室的排队人数约 200~300 人，最长排队时间约 10 分钟。

《洁净之屋》是一个完全纯白的家庭室内空间，有各种

草间弥生　自恋庭院　空间装置

日常家居用品，参观者可以在空间中任意位置粘贴彩色的圆点贴纸。这件作品在展览初期并没有设定观众逗留时间，同样是随着人流越来越大，展览后期规定同时 10 人进场，用 30 秒的时间把贴纸贴完。

现场管理中遇到的最大挑战是观众的过度互动与拍照，这部分内容将在后文的观众行为部分中展开。

传播与票房

展览的标准票价为 50 元 / 人，这是 MoCA 多年来的常规票价。票务网站格瓦拉在展览中期介入草间弥生展，这是展览唯一合作的线上票务平台。至展览结束时，格瓦拉上售出 15468 张门票，在总票房中占约 5%。

在宣传上，草间弥生展的宣传是提前一个月开始预热的，2014 年 11 月 16 日，MoCA 的官方微博和微信发出了第一条展讯。前期宣传的内容主要是将草间弥生的人生经历分成五六个小故事按每周一次的节奏分批发布。此外主办方还邀请了包括《芭莎艺术》在内的一些媒体去日本拜访草间弥生工作室。

+

展览期待度
正负声量比 49:1

正声量: 从宣传预热起，就开始有人表示“一定要去看”的强烈意愿。到展览中后期，随着网络口碑的铺开，不断有观众表达强烈的观展意愿。
负声量：除了个别观众觉得票价“不值”，大部分人还是被超高的人流和观展环境“吓退”的。

草间弥生　我在这里，却了无一物　空间装置

草间弥生　洁净之屋　空间装置

推广中也包括一些 MoCA 所举办的线下活动的报道，如与香格里拉酒店合作的圣诞亮灯仪式、MoCA 自己举办的与展览主题相关的讲座等活动。

展览期间，MoCA 推出过一次微博上转发送票。随着人流的不断增加，在 2014 年 1 月 25 日、2 月 24 日和 3 月 24 日，分别推出了寻找第十万名、第二十万名和第三十万名观众的活动。

除了人民公园内的道旗外，MoCA 在开幕当天的新闻发布会上邀请了 50~60 家媒体，在展览过程中又陆续邀请了一些媒体、作者来看展并进行深入报道，除此之外，MoCA 并没有在展览的广告投放上花费大笔资金。

无论是线上还是线下，从预热到展览期，草间弥生展的推广总体上是一组经过充分规划的常规动作，并没有特别推陈出新之处。展览中间，出现很多嗅觉敏锐的自媒体公众号“不请自来”地为展览做宣传。

观众

至2014年3月30日草间弥生展结束，主办方宣布总参观人次超过33万。根据主办方对现场观众的观测，可以看出观众的一些总体特征：

男女比例基本是5:5持平。

年轻人是绝对主体。但与MoCA举办的其他展览相比，老年人的比例反而有所增加，会出现一些50岁左右的观展团体。

单日人流最少不低于1500人次，周末人流较高，平均为3500~4000人次。整个展期中的单日最高峰值达到6000人次，分别出现在春节长假期间和展览的最后一天。

单日的观展时间分布中，午饭后的2~3点是人流高峰，早上开馆和晚上闭馆的时段基本不需要排队。

观众在馆内的平均停留时间为1~2小时。一个特殊的情况是，因为MoCA餐厅在展览区域之内，会出现一些观众看完展览，在餐厅消费与休息之后，又回到展厅继续参观的情况。这类观众的总停留时间可能会高达3~4个小时。

在草间弥生展中，最为突出的观众行为是互动与分享的意愿非常强烈，这甚至成为一些观众来看展的主要动因。据主办方的工作人员称，时常在展厅里听到一些已经买票进场的观众在讨论“草间弥生是谁”、“应该是个日本人”的话题。

社交媒体中，由观众自发上传的展览信息大多与《洁净之屋》和镜室这两个体验性、互动性较强的作品有关，勾画出草间弥生展的趣味、时尚与互动的特性，并吸引来更多人流。很多观众将互动扩大化地理解为整个展览的特征，这导致了大量观众产生“过度互动”的行为模式。由此，如何对观众参与作品时的过度互动进行行为规范，成为现场管理中一个较为严重的问题。

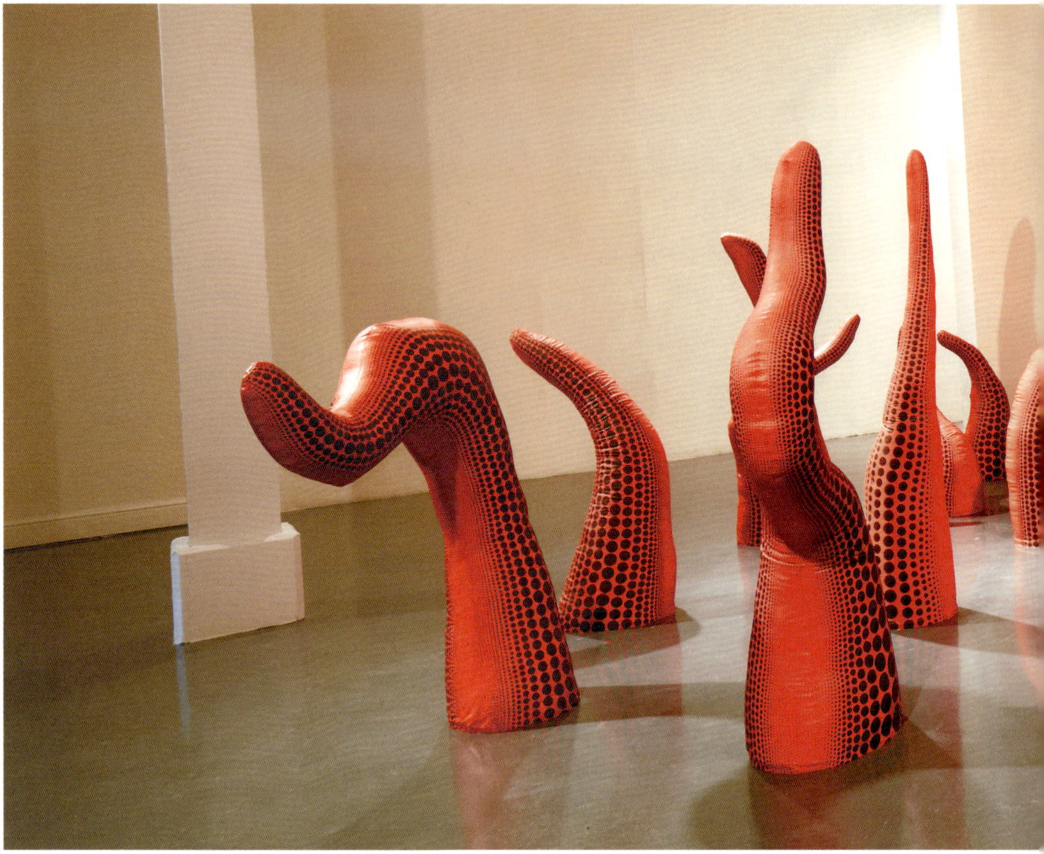

草间弥生　再生时刻　装置

事实上，现场的所有作品中只有贴点点的《洁净之屋》是与观众互动的，只有几件作品允许拍照，大量的作品属于不可触摸、不可拍照。这些作品的旁边都按照展览的通常做法贴有相应的警示牌，但对于已经认定整个展览都可以互动的观众来说，这些牌子基本不起作用。

展览开幕时，所有作品都是按照常规艺术展的方式陈列，不可进入的装置作品以一米线隔开。但开幕一个星期之后，主办方发现常规的展示方式无法应对这样的大人流，而给绘画作品全部装了有机玻璃镜框。

可以进入内部参观的作品，也因为观众某些具有破坏性

的互动行为而导致作品关闭了其进入通道，成为纯观赏性的作品。如《波点偏执》系列中有一个大的红色波点球，其内部是小型红色波点球与一组反射镜面所营造出的如万花筒一般的视觉效果。小型波点球与观众的距离其实非常近，触手可及。开展后不久，就出现有观众把门票、波点贴纸和其他杂物扔进这组镜面装置中的情况。这件作品后来也只好关闭其进入通道，只能从外面观看。

另一件作品《天堂之梯》，原本设计的观展方式是观众走在镜子的外沿，无论向上还是向下看，都可以看到天梯的无穷反射。这个作品最早以一米线将作品与观众隔开，但还

秩序管理
正负声量比 1:98

正声量：主办方对来自各高校的学生志愿者表达了赞许和感谢。
负声量：观众频繁拍照，但没有工作人员制止。互动区需要工作人员高声引导，环境嘈杂。

是两次发生镜子被观众踩碎的现象。后来的解决方案是在作品外围围上一米高的有机玻璃护栏。

另一个现场管理上难以控制的是观众的拍照行为。根据草间弥生工作室要求，只有极少数几个作品允许拍照。除了作品旁边“请勿拍照”的警示牌，工作人员还以口头阻拦、举着“请勿拍照”的牌子在展厅里巡回等方式提醒观众，但也只能对被定点提示到的观众起到效果，总体上仍是处于无法制止的状态。

衍生品和其他营收

草间弥生展衍生品的开发种类非常少，有徽章、明信片、信纸、杯垫、礼品盒、雨伞、蜡烛、手袋、蝴蝶结头饰、领带、环保袋、鼠标垫以及展览现场海报等十余种。因为事先对观众数量估计较低，衍生品的生产量也不大，在展览期间不断加量补货。至展览结束时，包括展览画册在内的衍生品基本销售清仓。

MoCA 三楼的餐厅是与展馆一起运营的，作为内部资源更容易调动，与展馆内的展览项目合作度相对更高。草间弥生展期间，MoCA 餐厅推出了草间弥生下午茶甜点，南瓜形状的甜点辅以山楂酱的红色波点装饰。这些周边产品在整个展览期间都获得不错的营收。

同时，MoCA 也有自己的公众教育团队，并持续进行公共讲座和亲子教育，这些项目也与草间弥展进行了结合，如名为“我的一个梦”的儿童教育项目，教授小朋友画出草间弥生风格的绘画作品。

总结

草间弥生展获得 33 万人次的参观量，这是一个主办方也始料未及的数字。草间弥生虽然早已跻身国际一线艺术家之列，但在公众层面，其知名度仍然有限。主办方 MoCA 的推广也基本是一般展览推广时的常规动作，并无特别推陈出新之处。

在消费者口碑中，“贴点点”这个可以让观众参与作品创作的行为是整个展览中极为突出的信息。互动行为、分享意愿，这两者与正处在急速上升期的微信平台不期而遇，成为草间弥生展成功的重要因素。

增强艺术展览中的互动性、娱乐性，以提高观众的现场体验感和传播效率，这并不是一个新的话题，但此前的上海，很少有当代艺术特展能获得草间弥生展这样的热烈反响。这里除了艺术家知名度、作品的时尚感，可能还存在一个互动行为难度的问题。

2004 年的上海双年展中，曾经展出过另一位著名日本艺术家小野洋子的作品《愿望树》，艺术家希望用这棵“树”来收集观众写在小纸条上的愿望。小野洋子的知名度极高，当时的媒体也有很多报道，但是《愿望树》并未获得观众特别热切的反应。

如果拿这两个作品来比较，除去时代差异、观众行为模式的变化等大环境的不同,《洁净之屋》对观众的要求非常低，只有贴点点一个动作，几乎不用动脑子。而《愿望树》则非常复杂,观众要有一系列的思考与心理活动,还要动笔写出来。

总的来说，《洁净之屋》中所设计的观众互动动作，易于上手，能产生爆发力；作品的整体效果是在一个很长的周期里动态变化，逐渐积聚，又具有持久性。

草间弥生展另一个值得总结的是如何对观众的过度互动

与拍照行为进行规范。

观众行为可能和展览环境传递的整体信息有关。以同样是参观量极高的莫奈展作为比较，莫奈的作品只是用很低的一米线围起来，展厅内也没有太多工作人员看护，但并没有听到莫奈展的主办方反映观众触摸展品的问题，偶有拍照，但均在可控范围之内。两个展览相对比，莫奈展从宣传到展厅设计，传递的总体信息是大师真迹、价值连城，观众会带着膜拜的心理观展并对自己的行为进行约束。而草间弥生传递的是参与、互动，观众天然地认为每个展品都是互动的。

艺术展览现场不允许拍照，一般是出于以下几个原因：①作品因年代久远等原因，其物理性质已非常脆弱，闪光灯会对作品的寿命和品质造成影响；②版权方想要保护作品的图像版权而不许拍照；③出于展场管理的原因，现场拍照会造成人流拥堵，闪光灯的闪烁会影响他人的观展体验。

从观众方面来看，大部分在现场拍照的观众的目的只是想要留个纪念，或是“看到别人拍，所以我也拍”的从众心理，或是想和展品近距离接触，其行为本身并无主观恶意。如果能够进行正向引导，这些行为都有可能大幅减少。

对这些问题，可以从两个方向进行努力。一方面，设立专门的拍照区域，在不侵犯版权方要求的前提下，设置背景板、小道具等拍照“景点”，在灯光、服务上提供比展览现场更优的拍照环境。

另一方面，充分利用观众进场前，尤其是排队等待进场时的“垃圾时间”进行观展规则引导，明确告诉观众哪些作品不能拍照、哪些作品不能触摸。展前培训会给主办方增加一些人工成本，但相较于展厅内的混乱、展品本身被破坏，这个成本应该是可以承受的。

排队的垃圾时间远远没有得到主办方的重视。这个时间里，观众处在无所事事的状态，对各种互动活动的配合度都要比平时高出许多。如果能利用这个时段进行展前培训，展开会员招募、观众调研、互动游戏，甚至一些商业合作伙伴的市场营销活动，都会起到不错的效果。

新浪微博平台曝光数据监测

“草间弥生——我的一个梦”新浪微博平台曝光量
（单位：条／日）

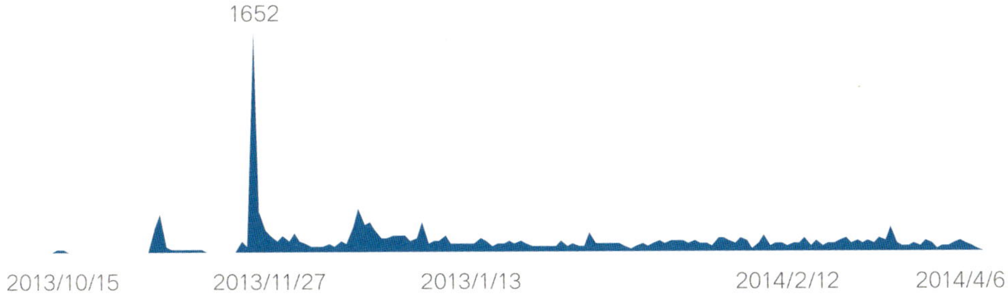

监测周期：2013 年 10 月 15 日 ~ 2014 年 4 月 6 日（开展前两个月 ~ 展览结束后一周）
总曝光量：13951 条微博

主办方 @ 上海当代艺术馆的第一条微博启动于 2013 年 10 月 16 日，其内容为转载雅昌艺术网华东站的展讯。作为一次热身宣传，这次曝光并未获得太多关注。

一个月后，也是开展前的一个月，主办方发了关于展览的第二条微博：展览的视频预告。从结果上看，这条微博是主办方所有观众展览宣传中曝光量最高的一条，但只占到检测期内总曝光量的 5%。之后主办方的微博形式主要包括视频、长微博（文字量较大的图文报道）、简单图文（微博正文中配以 9 张以内的图片）、有奖转发赠门票等。从规律性上看，“有奖转发”无疑得到了最多的曝光，与第二大曝光形式“视频”相比要多出 4~5 倍，而“长微博”和“简单图文”

的转发量往往偏低。总体而言，由于主办方的微博粉丝数量有限，其微博内容的曝光度相对偏低。

微博公众号的推广上，展前预热期有 @ 带你看展览、@ 雅昌艺术网华东站等专业性相对较强的微博号推送展讯，得到了一定量的转发或转载。但这些曝光量却远不如 @ 画片集 、@Style-Notes 時装笔记等独立但有较强传播力度的特色平台。以 @ 画片集为例，其发布微博的曝光量占到总曝光量的约 19%，而在 2013 年 11 月 27 日当天更是达到了总曝光量的最高峰值：1652 次。这条微博的具体内容是 @ 画片集转发了自己在前一天推送的草间弥生 2013 年 11 月在美国纽约大卫 · 兹维纳画廊举办展览的 9 张照片，并在转发中提及了此次上海巡展的具体信息。这个是典型的例子——微博号本身经营得比较好、粉丝质量相对较高，同时艺术家既享有极高的知名度、其个人与作品也有较为丰富的话题性，二者相辅相成，使得曝光和传播得到了很好的效果。当然，就这条曝光高峰的个例而言，其中也不乏偶然的因素。

开展前后 3 天（2013 年 12 月 15~17 日）是个曝光量集中的小高峰，之后没有再出现急剧的起伏。从曝光内容上看，除了公众账号对展览的报道、宣传，以及志愿者招募信息等，开展前后个人用户的声量比重也开始增加，前期的预热宣传开始收获成效。在展览初期，个人用户对展览的到来表现出兴奋，甚至是狂热的期待。但随着展期的持续，到了中后期，个人用户中表达出的负面声量开始加大，主要还是密集的人流给观众带来的极大困扰。

动漫卡通类特展

>>

将经典动漫形象立体化，并结合空间场景进行装置、雕塑及其他形式的展示，这在国外已有多年历史，迪士尼乐园可以视为是这种思路发挥到极致的例子（虽然它不是特展）。这种做法近几年快速增长，并且逐步形成了一套运营模式。

这种类型的特展不胜枚举，有从国外引进的版权，如“史努比·花生漫画 65 周年变·变·变·艺术展”[①]、“樱桃小丸子 25 周年博览会”[②]，也有根据国内原创漫画，如从动漫形象刀刀狗发展出来的展览“就让爱把我点亮——刀刀十周年特展”[③]、张小盒的展览“联盒囿——跨界艺术展”[④]。

动漫卡通类特展的举办场地高度集中在商业综合体中，运营模式分为两种，要么在商场的中庭或外广场上免费展出，要么在商场内部的封闭空间举办并出售门票，而展览内容的开发思路又与运营模式紧密相关。

免费展示的动漫卡通特展中大量采用以量取胜的思路，即对数量很少的几种造型进行大批复制，并辅助一些简单的场景搭建。这很有可能是基于开发成本的考虑，因为免费展示的主办方通常就是商场，展览本身不产生营收。

另一种是收门票的特展。内容研发上，这种特展在展品造型上更加多样化，有的还会整理出一些新的故事，展览线索更加明确，互动性更强，同时还会开发较为丰富的衍生品。

总体上，动漫卡通类展览因为资金投入相对较低，对展览场地的硬件要求不高，又因为内容的高度普适性而在数量上呈现稳定增长趋势。2015 年以来，动漫卡通类特展在数量

①上海环贸iapm商场，2014年8月15日~10月19日。

②上海高岛屋，2015年4月29日~6月2日。

③上海大悦城，2012年9月1日~10月7日。

④上海大悦城，2015年5月1日~6月14日。

上增幅较大，地产企业、商业综合体运营方往往是主要的主办方、投资方或主力赞助商。

以经典动漫为内容的特展中有两个值得关注的例子。

上海美术电影制片厂开始介入特展。上海美术电影制片厂是中国规模最大的美术电影制片方，1957 年建厂以来共摄制四百多部美术片，占全国美术片产量的 80% 以上。这中间，有公众极为熟悉的《大闹天宫》(1965)、《三个和尚》(1980)、《葫芦兄弟》(1986)、《黑猫警长》(1987) 等等。

2014 年，“上海美术电影制片厂经典动画形象巡展”先后在东方明珠①和凯德七宝购物广场②展示。美影厂的这次尝试所引起的社会关注度并不高，这可能与内容研发、宣传推广等整体策划有关。但无论如何，美影厂所拥有的动漫形象，影响的不是某个年龄层，而是整整几代中国人的集体记忆。美影厂卷入特展，将可能对未来几年动漫卡通类特展产生巨大的影响。

另一个值得关注的是月星环球港在 2014 年举办了两个 Hello Kitty 相关的展览。4 月开幕的“跨越时空的爱——Hello Kitty 40 周年特展”是不同造型的玻璃钢雕塑，布展简单，但却引来的大量人流，通票 88 元，吸引了将近 30 万人次的参观量。

几个月之后，在同一场地举办的“Robot Kitty 未来乐园”③，模拟了一个 Kitty 机器人生产线的故事场景，添加了游戏元素，展陈物料制作的精致度在近几年的上海同类特展中都算是最好的。然而，这个展览遭遇了票房惨败，平日票 70 元的票价，开展当天不足 200 人参观，平日甚至只有几十人。

“Robot Kitty 未来乐园”的主办方本意是希望能借助前一个展览的余温，以更高质量的展览进一步推高市场。然而时间、地点与题材的全线撞车，公众的热情在前一个展览中已经被严重消耗，是第二个 Kitty 展惨败的重要原因。

动漫卡通类特展数量虽多，但在影响力和运营模式上缺少具有代表性的案例，因此本部分没有案例分析。

①2014年7月6日~8月6日。

②2014年9月19日~11月2日。

③月星环球港，2014年9月13日~12月2日。

公共艺术类特展

>>

本书对特展进行分类时，基本是以内容为优先分类逻辑的。但公共艺术这个概念的核心要素不是内容，而是展示场所。公共艺术特展受到展览场地的限制，一般不会向参观者收取门票，这个特征使公共艺术特展的运营模式与其他特展有很大的不同。同样是基于场地的开放性，使公共艺术特展从产品研发到现场运维的整个工作流程与标准也与其他特展存在较大差异。

分类逻辑的不同会导致公共艺术特展和当代艺术、动漫卡通类特展存在一些重合，这两个类型也正是这两年公共艺术特展在内容上所主要分布的领域。在此书中，我们无意去准确定义一个展览到底属于什么类型，而是将重点放在展览的运营模式上，因此，在这里我们只介绍和讨论一些具有代表性的公共艺术案例。

当代艺术是当下最为活跃的艺术形式，雕塑、装置、行为艺术表演等类型的作品都可以在公共空间中展示。当代艺术类的公共艺术特展，其策划与创作思路或是强调实验性、学术性，或者强调社会责任和公益。这类展览的运营模式相对比较单薄，或是依赖于政府和企业赞助提供运营经费，或者是由艺术基金会、画廊支持。

因为公众对当代艺术本身存在一些理解障碍，使得这类特展的公众影响力相对较弱。比如 2014 年 10 月在浦东新区陆家嘴中心绿地举办的第二届“剩余价值——环保艺术展”[①]，邀请 6 组建筑师利用回收材料在现场搭建大型装置作品。几

①陆家嘴中心绿地，2014年10月18~31日。

乎是在同一个时间段里，静安区静安公园中名为“再生·交流”[①]的展览也是讨论环保议题，邀请了21组设计师用建筑建造、室内设计、会展与商业活动中的废弃材料来创作作品。

与这种明确对社会话题进行探讨的展览不同，另一类特展是对当代艺术与公共空间结合的可能性进行探索。比较典型的如上海青浦区朱家角古镇上，因其特殊的空间与人文环境而引发许多当代艺术家的探索欲望。过去几年中陆续有多个公共艺术展览在古镇中举办，包括2012年和2013年举办的两届“朱家角当代艺术展”[②]，2013年和2014年分别举办了两届的“朱家角公共艺术节”[③]。这些展览都具有非常类似的性质：展览地点散落在古镇各个公共空间中，强调艺术介入当地人文生活。

2014年的当代艺术类公共特展中，影响力最大的是5月12日~5月29日，法国艺术家JR在上海新天地南北里的“INSIDE OUT 万像人间”。这是一个全球巡回的艺术项目，2011年发起后已游历了全球八十多个国家，项目的过程参与性极强，展陈方式也有很强的视觉震撼力。上海普通市民可以通过线上报名等方式参与，JR为报名者免费拍摄黑白波点的肖像照片，并张贴在新天地南北里的公共墙体上。

当代艺术之外的公共艺术特展，基本可以用“卖萌”来概括，这里面既有从成熟动漫故事中抽离出的动漫形象，也有独立创作的卡通形象。从2014年到2015年，先后有哆啦A梦、几米、史努比和樱桃小丸子等多个经典动漫形象举办了特展。这一类公共艺术特展与本书中的另一个分类“动漫卡通类”重合颇多，具体内容已在动漫卡通类展览分析中集中介绍。

2014年中，卖萌最为成功的是“大黄鸭”和“奔牛”，这两个展览不仅社会影响力大，运营模式也相对完整。“2015奔牛·上海——大型城市公共艺术展”将在后文作为案例分

①静安公园，2014年10月4~19日。

②“时光中的时光——朱家角当代艺术展”，朱家角古镇，2012年10月19~21日。
“叠影重重——朱家角当代艺术展”，朱家角古镇，2013年10月26~31日。

③“水与空间对话”，朱家角古镇，2013年12月9日~2014年1月9日。
“标本：传统与现代的对话”，朱家角古镇，2014年12月7日~2015年2月6日。

析来独立论述。

大黄鸭是近几年国际上颇有影响力的公共艺术项目。荷兰艺术家伦泰因·霍夫曼（Florentijn Hofman）以童年记忆中的浴缸橡皮鸭仔为原型，设计制作了十余米高的超大尺寸“大黄鸭”，从 2007 年起在全球多个城市巡展。2013 年 5 月在香港维多利亚港展出的一个月使大黄鸭关注度飙升，据媒体报道称，吸引了“数百万人流”，在一个月展期中，海港城周末人流激增两成至 26 万人次，工作日亦达 20 万人次，海港城内以餐厅为首的各类商铺营业额均有明显上升。

香港之后，大黄鸭又在北京、高雄、基隆、匹兹堡等城市巡展多站。上海站于 2014 年 10 月 23 日到 11 月 23 日在上海世纪公园展出。世纪公园围绕大黄鸭策划了一系列周边展览、娱乐活动，并曾一度希望将门票提价至 40 元 / 人，最终因为引发公众争议而将票价保持在原来的 10 元 / 人。上海大黄鸭展览一个月，吸引人流超过 60 万人次，其中第一个周末分别是 7 万人次和 6 万人次，单日最高接待量超过 7.5 万人次，创下了世纪公园的近年新高。然而相较于大黄鸭在香港、北京①的所引起的参观量，在上海展出的大黄鸭对公众的吸引力随着时间推移和展览次数增加已经明显下降了。

近两年的公共艺术展览主要集中在当代艺术和动漫卡通两个领域中。因为在运营模式上缺少票房收入，而衍生品又开发不成熟、销售渠道不畅，这使得公共艺术展的营收对赞助的依赖度非常高。

基于公共艺术的这些问题与特点，一方面，公共艺术项目应该比其他类型展览的准备时间更长，争取能配合大公司的年度广告和赞助投放计划，以获得更可靠的赞助。另一方面，应该更加重视渠道合作，将公共艺术项目与旅行、休闲生活消费结合在一起。公共艺术展览并不会因为参观人数上升而获得直接票房收益，但却可以借此获得更多的曝光量。

①北京园博园，2013年9月6~23日；北京颐和园，2013年9月26日~10月26日；两园共吸引约300万人次的客流。

2014 年中，“1st Panda 熊猫展”（后文简称熊猫展）是一个颇值得关注的展览。其主办方是上海鼎意达实业有限公司与香港领先娱乐国际品牌投资管理有限公司，展品为约 110 只站、趴、卧等几种不同造型的熊猫。主办方与各地展示场地方均在公开宣传中强调：创意造型由新锐设计师 Josh Yick 担纲。然而这位“新锐设计师 Josh Yick”一直国籍不详、年龄不详，也没有接受过媒体采访。

熊猫展的首站是 2014 年 6 月 2 至 8 日在上海嘉里中心，并宣布将在全国 32 个城市进行巡展。后来举办巡展的包括南昌、济南、广州、南京、北京等多个城市的商业综合体和楼盘。不难看出，多家商场为熊猫展买单，展览也给商场带来了人流和传播。作为一个商业策划、具有艺术性的展览，熊猫展在商场方和公众中的反应都相当正面。

也有对熊猫展的质疑，主要是认为此展“山寨”了“1600个熊猫（1600 Pandas）”的形式与概念。“1600个熊猫”由世界自然基金会（WWF）和法国艺术家 Paulo Grangeon于2008年发起，2014年3月14日在台湾、6月9日在香港巡回展出，因为地理位置接近、语言相同而在大陆快速拥有了相当高的知名度。

质疑者认为，大陆的熊猫展制作了在尺寸、造型上具有一定相似度的“熊猫”，借用“1600 个熊猫”展在香港和台湾的传播效力，短短几个月里在全国展开多场巡展。

熊猫的名称和形象并不存在知识产权问题，任何个人或组织都可以用熊猫的形象进行创作并展开营销。只要熊猫展的主办方不宣称自己与“1600 个熊猫”有关，“山寨”的质疑就很难真正成立。但此类现象仍然值得关注，因为对特展这个以创意为核心竞争力的产业来说，打擦边球或许可以快速借势但也存在一定风险，但其对特展的长期健康发展会起到负面作用。

公共艺术中艺术性与娱乐性的平衡

“2015 奔牛 · 上海——大型城市公共艺术展”分析

CowParade 是国际上极具影响力的公共艺术展，上海是全球第 80 个举办奔牛项目的城市。

“2015 奔牛 · 上海——大型城市公共艺术展”邀请本地创作者创作奔牛作品，在上海城市的多个地标性公共空间中巡回展示，是 2014 年中上海最具影响力的公共艺术特展。

展览名称	2015 奔牛·上海——大型城市公共艺术展
举办地点	上海多处地标性区域
场地性质	公共空间
举办时间	2014 年 12 月 31 日~ 2015 年 12 月 31 日
展期延续	366 天
主办方	上海文化广播影视集团有限公司 英国翡翠艺术集团
艺术总监	张熹
作品内容	在 3 种造型的玻璃钢白坯牛体上的艺术创作
作品来源	牛体造型为海外版权， 本地创作者创作
作品数量	未知
展示面积	公开展示
票价	免费
参观人数	未知
主要赞助商	红星美凯龙等
衍生品种类	小牛 DIY 彩绘礼盒
巡展	市内巡展

* 本文图片由主办方提供（摄影：吴霄峰）

cowparade
2015奔牛·上海
大型城市公共艺术展
MOO!
主办单位:
SMG
HALCYON GALLERY
协办单位:上海市人民政府新闻办公室、上海市文化广播影视管理局、中国福利会

主办方与立项决策

“2015 奔牛・上海——大型城市公共艺术展”（后文简称奔牛上海）的主办方为上海文化广播影视集团有限公司（后文简称 SMG）和英国翡翠艺术集团。

SMG 是中国最大的省级广电媒体及综合文化产业集团，旗下除了拥有数量众多的电视广播频道、报纸杂志和网站等媒体之外，还拥有一批全国知名的文艺院团和演出场馆。

英国翡翠艺术集团总部位于英国伦敦，翡翠中国是其在中国开办的外方独资企业，位于上海浦东陆家嘴区域的滨江地带，建成后的项目将由翡翠滨江艺术中心、公共雕塑公园、翡翠艺术岸线、陆家嘴金融城艺术俱乐部以及相应配套设施等构筑而成。

两个主办方各自的优势可以形成互补，翡翠中国拥有艺术方面的资源，SMG 拥有媒体、招商方面的资源。

内容研发

奔牛国际（CowParade Global）是一个成熟的国际公共艺术项目。奔牛项目在 1998 年创立于瑞士苏黎士，在过去的十多年里，已经在全球七十多个城市举办过奔牛活动，其中以欧洲和北美城市为主，东亚地区举办过奔牛的城市包括东京（2003）、台北（2009）、香港（2009，2013）。

在十余年、七十多个城市的创作与展示中，奔牛国际先后得到过包括兰博基尼、梅赛德斯・奔驰、汇丰银行、米其林、万事达、索尼、梅西百货、麦当劳、华硕等超过 2000 家企业的赞助；在全球各地筹集了超 3000 万美元的慈善基金；还有一大批在各个领域享有盛名的创作者名单，其中包括：英国服装设计师 Vivienne Westwood、英国艺术

艺术牛在浦东滨江展示

家 Patrick Hughes、捷克前总统 Václav Havel、美国建筑师 Michael Graves、香港演员刘德华、香港演员郭富城等，共计超过 10000 名创作者。

内容接受度
正声量占总曝光量的20%，没有负声量

正声量：微博公众账号对奔牛展情况的报道，如遍布各个场地的奔牛受到许多路人“驻足围观”，奔牛节“掀起热潮”等。
另一部分是来自普通市民对奔牛展的形式感到“有意思”，觉得展品牛“很好看”。

经过多年的发展与经验积累，奔牛项目也形成了一套相对成熟的操作模式。在国际间巡回展示的不是固定的、已完成的作品，而是奔牛造型、品牌和一整套运营模式。奔牛国际组织授权当地主办方在约定时限内使用奔牛国际的 Logo 和 VI 系统进行宣传推广，使用奔牛的造型进行玻璃钢素牛的复制生产，并提供一套从素牛生产到艺术家创作管理、从搬运布展到活动营销、从衍生品到异业合作等一套成熟的管理制作流程。所有在当地展示的奔牛作品均由当地主办方组织艺术创作者完成，展品在当地的展示期结束后进行拍卖，拍卖所得款项捐赠给当地的慈善机构。

奔牛约与真牛等大小，分为抬头牛、低头牛和卧牛三种形态，其中抬头牛占总量的 70%，是主体形态。低头牛与卧

艺术牛在人民公园展示

牛各占 15% 左右，可以在集中摆放时调节“牛群”的形式感。

奔牛创作流程包括：玻璃钢素牛生产，征集或邀请艺术家进行艺术牛创作，经过喷漆护色等技术处理在公共空间进行展示。所有奔牛的生产和管理成本均由落地主办方承担。

奔牛是一个完全针对公众的公共艺术项目，其宗旨是“艺术、欢乐、公益”，所以奔牛上海在创作者邀请和筛选时将其分为三个类型，第一个类型是各行业的知名人士，其中包括了舞蹈家金星、批评家朱大可、策展人陆蓉之、艺术家孙良、艺术家王小慧和漫画家慕容引刀等约十位参加创作，借助参与者的知名度与影响力为整个项目制造传播话题和公共影响力。第二个类型为创意行业的专业工作者，主要分布在艺术家、建筑师和设计师等行业中。第三个类型为普通创作者，多为职业艺术家或是艺术类高校的在校学生。

项目最初还计划在公众中进行征稿，此举的主要目的是增加奔牛项目与公众的互动，强化公众参与感。但这部分最

参与展览的各界名人
正声量占总曝光量的 2%，没有负声量

正声量：大部分来自于公众号对各界名人参与展览活动的正面宣传，只有少部分对创作者熟悉的观众会针对创作者和他们的作品表达赞美。
尽管主办方有意希望通过参与者的知名度与影响力为整个项目制造传播话题和公共影响力，但从实际曝光成效来看，关于这些参与者的曝光量占展览整体曝光量的比例并不高。

终未能实施，因为非专业的人士在视觉想象和视觉判断上存在较大的落差。同时，在立体的玻璃钢牛坯上绘画，其难度高于在画布上绘画，没有经过绘画专业训练的人，很难独立完成这项工作。

在创作手法上，奔牛国际的规章里几乎没有任何限制，可以是绘画，也可以在牛体上进行附着物叠加，或是将牛体进行变形重置或为异形牛，但现实中大部分创作者还是选择了绘画的方式。整个奔牛上海中较少出现异形牛的原因有两个，其一是主办方并不为异形牛的创作追加额外制作成本，而异形牛本身的制作成本和风险也较之绘画更高，所以一般创作者还是愿意选择安全、高效的绘画方式；另一方面，异形牛对展示空间也会提出更高要求，如有的作品需要防雨，有的作品需要接电，这在客观上减少了这类作品的展示机会。

观众与现场管理

秩序管理
负声量占总曝光量的14%

负声量：几乎都集中在一篇《50头"彩牛"现身上海街头 部分预展的牛牛"很受伤"》的报道。这篇报道在2014年国庆长假的后期登出，类似的内容被转载超过110次。尽管之后奔牛的展出也加强了人员管理，但并没有出现像一般室内展一样的关于现场管理的其他评论。

不设门票，放置地点又是人流聚集量大的地标区域，所以，奔牛上海的观众总量和人口学特征均无法统计。同时因为放置在外滩、外白渡桥这类观光带内，奔牛观众中外地/外国游客的数量可能会高于其他特展。

奔牛上海的作品与观众之间最核心的是如何把握"亲密度"问题。在主办方最初的设想中，奔牛自由放置于公共空间，不设护栏，以开放姿态欢迎市民和游客与作品近距离接触，合影互动，借此推动奔牛项目的公众传播。其中，低头和抬头两种牛因为承重安全问题而不允许观众攀爬，但并不排斥儿童骑在卧牛上拍照。

奔牛首次大批量出街是在国庆长假期间，几天之后，奔牛身上就开始大量出现擦痕，这显然是观众攀爬奔牛时鞋底与牛体刮擦而导致的，也有奔牛出现人为导致的破损。为保护奔牛作品不进一步受损，主办方增派了许多安保力量进行现场看护，阻止游人攀爬，这对保护奔牛作品起到一定作用，但又显然降低了作品与公众之间的亲密感。

艺术牛在展示过程中会受到自然或人为损坏，主办方对此早有预期，根据台北奔牛展示时的经验也有一些预案，然而，上海国庆长假期间奔牛的损坏程度还是远高于主办方的设想。

2015 年 2 月，奔牛在从静安寺到吴江路的南京西路展示，数量是 120 只。现场管理上，奔牛上海的展陈管理成本主要集中在人工和运输上。奔牛的数量多、单体体积大，奔牛在城市各个空间每换一次展示场地，就产生一大笔布展、撤展的运输成本。

传播

奔牛上海于 2014 年 8 月 26 日在陆家嘴中心绿地召开其首次新闻发布会，会上邀请了包括漫画家慕容引刀[①]在内的五位首批艺术牛创作者到场，还邀请了已达成创作意向的朱大可、王小慧、孙良等著名创作者，这是奔牛上海首次大规模在公众媒体上曝光。

社交媒体的预热在新闻发布会之前一个月开始，奔牛上海官方微信平台从 2014 年 7 月 23 日启用，微博的宣传于 2014 年 7 月 22 日发出第一条信息。从 7 月份发布的 7 条相关微博来看，有时称为“奔牛展”，有时称为“奔牛节”，“奔牛上海”的标准名称是从 8 月份开始稳定下来的。

于 2014 年的 8~10 月是奔牛上海曝光量最高的时期。9 月底到十一黄金周期间，约 50 只创作完成的奔牛在上海徐家汇商圈、人民广场商圈、外白渡桥和外滩区域集体亮相。在此期间，因为公众在与奔牛合影时的一些不文明举动而导

展览期待度
正声量占总曝光量的 2%，没有负声量

正声量：几乎全部都来自主办方或公众媒体的造势，偶尔有个别的参展艺术家在提及了他对自己作品最终成果的期待。

①漫画形象刀刀狗的作者。

艺术牛在静安寺区域展示

致部分奔牛作品受到不同程度的损坏，这一事件被相关媒体报道，客观上增加了奔牛项目的曝光度。

同一时期也是奔牛艺术创作的高峰期，奔牛上海微信公众号中的信息多与艺术家创作相关，包括各种艺术创作现场、创作者介绍和作品介绍。此外，主办方也在几家电视台和触动传媒的出租车后座屏幕投放了广告。

10月之后，奔牛项目再没有标志性的新鲜事件发生。2014年10月23日，另一项引人注目的公共艺术项目——“大黄鸭”在上海世纪公园开展，进一步转移了公众和媒体的注意力。之后几个月中，虽然奔牛在陆家嘴、南京西路等多个地区展示，但是已经无法形成有效的传播热点。奔牛上海在公共媒体上的传播声量很小，官方自媒体平台的推送频次也明显放缓。

依托SMG强大的媒体资源与背景，奔牛上海拥有其他展览很难具备的传播优势，其举办的各类线下活动的新闻可

艺术牛在陆家嘴区域展示

以得到 SMG 旗下电视、电台等诸多媒体相对优先的播报。社交媒体上的推广也得到比较充分的重视，但因为内容策划的互动性和趣味性不足，传播效果并不理想。另外，奔牛上海的微博和微信，都是因展览项目而新创立的帐号，在本身关注度严重不足的情况下，仍然以单打独斗的方式进行传播，而不是与其他有影响力的自媒体号进行合作推广。

衍生品与其他营收

一般特展中，票房、赞助与衍生品是主体盈利模式，巡展、异业合作是输助的盈利模式。

奔牛上海是公共空间的开放式展示，没有票房收入；奔牛国际的项目授权是以城市为单位，因而奔牛上海也排除了巡展的可能性。由此，项目的运营集中在赞助、衍生品和异

艺术牛在外滩区域展示

业合作上。

赞助分为政府赞助和企业赞助。各地区政府及相关部门都有活化本区域公共文化生活的意愿和任务，奔牛这类向公众免费开放的公益性特展，相较于其他特展更容易得到政府相关部门的政策与资金支持。奔牛上海先后在徐家汇商圈、陆家嘴金融城、南京西路商圈等多个上海重要的商圈展示，其背后多有政府部门的支持。

互动活动
正声量占总曝光量的2%，没有负声量

正声量：小牛体验营的声量远高于艺术牧场、城市放牧这两类互动。从曝光的具体内容看，大部分依然还是对这些互动活动的报道，由个人反馈的内容相对较少。

商业赞助是此类公共艺术展的另一个重要赞助来源，奔牛这类分阶段动态创作、创作地点和展示地点流动性强的特展，除了传统特展中冠名、门票、Logo 露出等回报方式，还能够给赞助商提供更具个性化、丰富的赞助回报内容。

在这类赞助回报模式上，奔牛国际提供了艺术牧场、城市放牧、小牛体验营等多种成熟的活动组织样板，将奔牛的创作、布撤展等多个原本属于隐蔽环节的行为都开发成了展示环节：艺术牧场是将艺术家创作奔牛的过程与公共空间相结合；城市放牧是将奔牛的布撤展运输过程转化成为流动展示。这些都可以作为赞助回报提供给赞助商，成为其吸引人流的一项动态活动。在台北站的展示中，艺术牧场与小牛体验营相结合还产生了票房销售模式。

此外，主办方还可以向赞助商提供艺术牛的定向创作、举办小牛体验营等活动，在之前多个城市的奔牛展示中，这都是主办方与赞助商合作的重要项目之一。

衍生品方面，按照奔牛国际的惯例，衍生品中一般包括高端产品如限量版的小尺寸复制品，中端产品如包括了白坯小牛和颜料的 DIY 彩绘礼盒，还有大众化产品如印有作品图像的服装和明信片等。

在奔牛上海中，衍生品遇到的最大问题在于缺少有效的销售渠道。对于在室内场地举办的特展来说，衍生品商店通常位于参观动线的尾端，商店的展陈、销售和仓储都可以在同一空间内解决，便于管理。而户外的公共艺术展示，很难找到能提供陈列、遮蔽、仓储、电力、网络等设备的合适空间，因此其现场销售多只能采用可移动摊位的形式，而这种销售除了受天气环境的影响之外，又会受到各场地安保、城管等机构的管辖。从消费者一端来说，衍生品消费是一种典型的冲动消费，展品陈列过于分散，使从观众到消费者的转化率非常低，客观上增加了销售成本。

较之一般的户外展示，奔牛上海的展览地点更加分散，难以聚焦，如 2015 年春节期间在南京西路上的展示，一百多只牛从静安寺一路展示到吴江路，即使要设计临时摊位，如何布点、如何形成有效聚集也仍然难以解决。

综上所述，一般特展衍生品的销售模式和经验在奔牛项目中几乎无从借鉴。事实上，除了小牛 DIY 彩绘礼盒之外，其他类型的衍生品没有进行开发，而小牛 DIY 彩绘礼盒也没有展开成规模的销售，生产的小牛基本是跟随小牛体验营的

衍生品
正声量占总曝光量的46%，没有负声量

正声量：主要来自奔牛上海的官方微博在新浪“微博活动”平台发起的一次有奖转发活动“关注奔牛上海‘领养’超萌小牛 DIY 彩绘礼盒”。这项活动的参加人数超过了 350 人，每个人都是通过转发索取衍生品的方式，将活动、奔牛展和奔牛展衍生品进行曝光。
除此之外，几乎看不到观众们对衍生品质量、价格等其他方面的评价。

艺术牛在人民广场区域展示

现场活动被消化掉的。

以公众艺术体验和亲子教育为主的小牛体验营是奔牛项目可以展开异业合作的重要模式之一，也是销售手绘小牛衍生品的主要渠道。无论是自行组织，还是与成熟的儿童艺术教育机构合作，亲子教育都是一个可以产生营收的项目。在奔牛上海的组织操作中，小牛体验营活动基本是作为公益活动和赞助回报出现的。

截至 2015 年 6 月底，奔牛上海举办了近十场小牛体验

艺术牛在徐家汇区域展示

营活动，其中受到关注的有 2014 年 8 月邀请舞蹈家金星、昆剧表演艺术家张军等明星与来自特殊儿童关爱机构的自闭症儿童一起举办的一场公益活动，还有 2014 年 11 月底由主办方与宋庆龄儿童发展中心、中福会少年宫一起举办的小牛体验营。

总结

公共艺术获得回报的难度很大，制作成本、管理成本也较高，因而一般都是由政府主导的。奔牛上海的投资方是企业（SMG 是国营企业，翡翠中国是外资企业），承担了非常大的市场风险，但也为企业主体进入公共艺术领域提供了宝贵的运营经验。

从社会影响来说，整个奔牛上海长达一年多的公共空间免费巡回展示，极大地丰富了上海街头的艺术体验，取得了

艺术牛在外滩区域展示

很好的社会效益。

展览周期长是奔牛上海的重要特点，主办方批露的正式展示时间是 2014 年 12 月 31 日 ~ 2015 年 12 月 31 日，但项目实际上从 2014 年 8 月底就开始了前期预热，使整个项目周期长达 16 个月。根据其他举办过奔牛展的城市的经验，一般的展期是在 3 个月左右。主办方将展期拉长的初衷，是希望借奔牛上海前期所形成的社会影响力进行长期、多次的营销。

在这种超长期特展中，如何控制项目的内容推进与宣传推广节奏就显得尤为重要。奔牛上海的前期推进速度快，2014 年 7 月 30 日首次召开针对赞助商的项目说明会，8 月 26 日举办新闻发布会，到国庆长假期间在市内多个重要地标大规模展示，项目推进的重要节点之间都是约为一个月。如前文所述，公共艺术项目一般应该比其他类型展览的准备期更长，以争取能配合大公司的年度广告预算和赞助投放计划。

在主体赞助没有确定的情况下，过快推进项目，过早大规模曝光，对整个项目的赞助可能是不利的。

但是在这个项目中，主办方忽略了公众对于单个公共艺术项目形成集中关注的时间不会太长这一要素。而传播方面，对超长展期所带来的舆论疲惫没有充分预期，过程中对如何规划分批次的舆论造势也显得准备不足。

新浪微博平台曝光数据监测

“2015 奔牛·上海——大型城市公共艺术展”新浪微博平台曝光量
（单位：条／日）

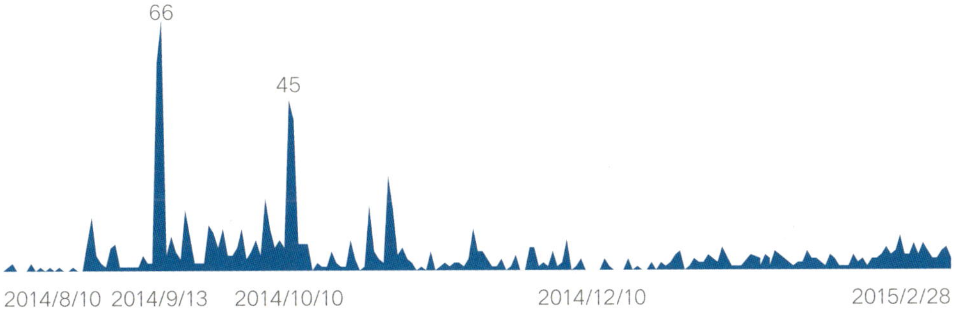

监测周期：2014 年 8 月 10 日 ~2015 年 2 月 28 日（新闻发布会前三周 ~ 展览开幕后两个月）
总曝光量：862 条微博

主办方 @ 奔牛上海（SMG 演艺中心主办“奔牛上海大型城市公共艺术展”官方微博）的第一条微博启动于 2014 年 7 月 22 日，但无论是评论量、转发量或点赞量都非常低。

主办方采取的一项有规律性的宣传策略是：在周末利用新浪“微博活动”平台发起了一次有奖转发的抽奖活动。这三次尝试都比较成功地在相应的时间点上吸引到一些关注，并在总曝光中形成了 3 次曝光量高峰；然而随着奔牛展的话题热度逐渐降低，此类活动所能引发的曝光效用也在逐步降低。

除了奔牛展的官方微博之外，推动曝光的另一主力军是上海浦东新区的一些官方微博。在 2014 年 8 月 26 日奔牛上海在陆家嘴中心绿地召开新闻发布会后，8 月 29 日有一次明显的曝光量小高峰，发布相关信息的原微博号主要包括 @ 浦东时报、@ 浦东广电等。另外，由于奔牛上海积极与各行业的知名人士或企业开展联合互动，这些人士或企业自身的知名度也在一定程度上带动了奔牛展的曝光度。

尽管奔牛展的目标受众相对较广、观展门槛较低，但其总曝光量相比于其他热门展览来说，差距比较明显。而且，目前可观察到的曝光内容主要都是公众账号对展览的评论或宣传，除去有奖转发的内容，普通观众（个人）的“真实”声量只占极小部分；这些声量几乎每一个都是或正或负的“一边倒”，这也从一定意义上说明了普通受众的舆论参与度不高。同时，这与展览本身的内容性质以及活动策划中缺乏能够激发观众在公开平台分享观展体验的诱因不无关系。

从曝光量上可以明显观察到，展览热度在新闻发布会一周后持续走低。这对于一个计划展期长达 16 个月的展览来说，并不是理想的情况。到 2015 年 7 月底为止，@ 奔牛上海最后一条微博发布于 2015 年 3 月 5 日。

时尚生活类特展

>>

时尚生活本身是一个包容性很强的概念，时尚生活类的文创展览在内容上也包含非常多的种类，大约可以归类为怀旧、民俗、生活、环保、情感、旅行（异域风情）等各种类型。

在 2014 年的时尚生活类展览中，最值得关注的是“失恋展”，本书将在后文作为案例分析单独讨论。其他展览中，基于不同人群的年龄、身份、收入水平、价值观等诸多因素，每个人的“时尚”与“生活”也存在很大差异。从搜索到的此类展览来看，比较明显地分为两类：一类是针对成熟人群的，以怀旧与民俗类的主题为主，其内容与潮流的相关性不太大，可能在数年里都不会有太大变化，如“上海杂货铺——60 件日常生活用品”[①]等；另一类是针对 80 后、90 后的年轻群体，内容以娱乐、时尚、生活为主，相对来说，这类选题一如时装的流行趋势，更新换代非常快。

针对年轻人的时尚生活类展览中，2014~2015 年流行趋势非常明显：3D 画、鬼屋、多肉植物。其中，3D 画[②]和鬼屋的投资规模相对较小，观众规模也稳定，因而其中比较成熟的都已变成了常设展，不再属于我们谈论的特展范畴。

值得引起关注的是多肉植物的展览，短短一年多时间里，从数量、展期到举办地点所发生的变化值得注意。

多肉植物展的流行是基于多肉植物的流行。在大众点评上海站中登记了超过一百家专门销售多肉植物的实体店铺。知乎网上几位“知友”[③]分析了多肉植物为何近两年突然流行的原因，总结为萌、多、变、懒、酸等五大原因。

①上海市群众艺术馆，2014年3月1日~5月12日。

②基于同一思路，现在也有宣称4D、5D的展览，在此归为一类。

③ID：醉猫、蔓玫。

以现在可以查到的信息，上海最早的相关展览是在红星美凯龙商场内溢柯花园生活中心举办的“上海国际多肉植物展”[①]，主办方溢柯是一家经营园林设备和从事园林设计建造的公司，现场布置、推广等都较为简单，门票 20 元，2 天的展会吸引了超过 5000 名参观者。

2014 年里，多肉植物展的数量明显增多。溢柯花园生活中心的多肉展继续举办第二届，名为“爱生活，爱多肉——2014 上海国际多肉植物展”[②]，展期拉长到了 4 天，通过格瓦拉售出将近 1 万张单价 25 元的门票，超过 2 万人关注。这一年中还有“上海多肉植物展览”[③]和“‘无处不在’多肉艺术展”[④]，其中“无处不在”一共 10 天展期，25 元的门票在格瓦拉售出 5400 多张，关注量过万。

多肉植物的走红，似乎也有带动植物类展览的趋势，2014 年中，还有“上海奇特植物展”[⑤]、“上海来福士空气凤梨之旅——奇特植物展汇”[⑥]等举办。

2015 年中，截至 7 月的可见信息，至少有三个多肉植物展先后举办。上海大悦城的“不可思议多肉主题展览”[⑦]展期一个月，早鸟票 20 元，日常票 30 元，在格瓦拉上共销售 5300张，关注过万。“西萍园艺‘十年臻选’多肉植物珍品展”[⑧]，展期为 3 天，现场票售价为 40 元，30 元的折扣票在格瓦拉上销售过千。最新的一个是“小鲜肉求包养——艺术多肉植物展”[⑨]，在其各种套票组合中最贵的一种为 380 元。预售票开票将近一个月后，在西十区上的出票不过百余张。

从线上售票的热度来看，多肉植物展在 2014 年开始突然流行，但到 2015 年就已经有明显的降温迹象。原因可能是，多肉植物展的主体内容是植物本身，即使展览中有一些稀缺的高价值的植物品种，在主办方没有充分宣传的前提下，一般观众很难分辨。频繁举办的多个多肉植物展形成严重的同质化，导致观众热情度迅速下滑。

①EcoG溢柯花园生活中心（沪南店），2013年11月2~3日。

②EcoG溢柯花园生活中心（沪南店），2014年10月31日~11月3日。

③叠·UP美术馆，2014年7月4~6日。

④仙乐斯广场B1展厅，2014年12月24日~2015年1月3日。

⑤叠·UP美术馆，2014年8月15~24日。

⑥上海来福士广场，2014年11月1~30日。

⑦上海大悦城，2015年3月27日~4月26日。

⑧1933老场坊，2015年6月12~14日。

⑨上海新世界大丸百货，2015年7月31日~8月9日。

无中生有，一种新型特展思路

“失恋展”分析

“失恋展”在2014年11月11日的“光棍节”开幕，展出111件失恋物品。展览原定于12月11日结束，但因观众反应较为热烈，主办方将展览延期至12月25日的圣诞档。

“失恋展”是一个非常特别的案例。并非因为这个展览做得有多么成功，而是可以从中引申出许多值得特展行业重视并有待讨论的话题。

展览名称	失恋展
举办地点	月星环球港
场地性质	商业综合体
举办时间	2014年11月11日~12月25日
展期延续	45天
主办方	上海海皮文化传播有限公司
策展人	曹迅
作品内容	失恋者的纪念物
作品来源	公众征集
作品数量	111件
展示面积	300平方米
票价	60元
参观人数	约2万人次
主要赞助商	无
衍生品种类	无
巡展路线	上海—广州—佛山—武汉

*本文图片由主办方提供

爱·不爱 都精彩
画家的爱
每一种热情都存在着属于他的观众
小资们的爱
她说她要环游世界
最后我带着她送的小熊
踏上了这次旅程
飞行员的爱
在几万英尺的高空爱上你
酒吧的爱
一分钟的眼神一小时的爱
一辈子的约定
音乐家的爱
曾经的观众，成了最后的恋人
大陆首届
失恋展
展览时间：2014年11月11日—2014年12月25日
观展时间：10：00—22：00
展览地点：上海市普陀区中山北路3300号月星环球港4楼（演艺中心）
交通线路：地铁3、4、13号线金沙江路站出站即到
主办单位：上海海皮文化传播有限公司
Shanghai Happy Culture Communication Co.,Ltd
合作伙伴：
POÉ CONSULTING
环球港 GLOBAL HARBOR
周末做啥
梦立方 MENG3.COM
失恋了
有一点文艺

主办方与立项决策

失恋展的主办方上海海皮文化传播有限公司，成立于2013年，以举办针对90后年轻人群的时尚生活类文创展览为主要业务方向。失恋展是海皮文化成立后举办的第一个特展。

展览的思路受到帕慕克的纯真博物馆与克罗地亚的失恋博物馆的启发，媒体报道中也多次使用克罗地亚失恋博物馆的图片及其故事。但非常确定的是，上海的失恋展与这两个国际上较有影响力的失恋展览之间没有任何合作关系。

上海的失恋展的筹备工作从2014年6月开始启动，展品征集同期进行，并在最初就确定了要在11月11日开幕，这一天是最近几年兴起的“光棍节”，主办方认为这是一年中举办失恋展的最佳档期，为了强化这个数字概念，还把展品数量定为111件，推出一种111元的三人票。

内容研发

失恋展共有展品111件，大到婚纱，小到药丸，还有望远镜、雨伞等等，基本都是常见的日常生活物品，由普通公众提供，每件物品都被失恋当事人认为是某一段恋情的纪念物。

据主办方海皮文化称，在开展前实际征集到的展品超过200件，根据故事的精彩程度只选择展出了111件。其中，有约40件来自其合作机构——法国的POÉ Consulting，有约20件来自国内的合作伙伴，其余均是通过微信朋友圈征集。

在网页搜索到的大量媒体报道与展览信息中，POÉ是“法国知名策展团队”、“曾在法国进行多次情感系列展览”、“由POÉ——法国失恋收藏机构世界失恋者展品馆提供的展

参考案例1
《纯真博物馆》是曾获得诺贝尔文学奖的土耳其作家帕慕克（Ferit Orhan Pamuk）的小说，作家在写作小说的同时也“收集一些有关一个虚构故事的真实物品”，小说于2008年出版，收集工作也同时完成。纯真博物馆（The Museum of Innocence）于2012年4月正式开放，位于土耳其伊斯坦布尔的贝伊奥卢区。2014年5月，纯真博物馆获得当年的欧洲年度博物馆奖。

参考案例2
失恋博物馆（Museum of Broken Relationships）是由克罗地亚的艺术家情侣Drazen Grubisic和Olinka Vistica创办。他们在经历了分手与复合之后，于2006年启动了收集恋爱时期个人物品的计划，开在朋友们中间征集失恋物品。这些物品于2006年在第41届萨格勒布沙龙中首次展出。2010年，他们在克罗地亚首都萨格勒布上城区（Zagreb's Upper Town）租下一个300平方米的空间作为失恋博物馆的固定展示场所，博物馆于当年10月开幕。2011年5月，失恋博物馆获得了由欧洲博物馆论坛Kenneth Hudson Award颁发的欧洲最具创新性博物馆奖。

品 40 余件”。POÉ的网站（www.poe-consulting.com）为中法文双语对照，公司中文名为“博艺文化咨询”，但公司案例中并未提及失恋展。同时，在宣传中隐约提及的在巴黎展馆 La Gaîté Lyrique 举办的 The Happy Show 是由设计师 Stefan Sagmeister①主导的一个展览，从中也无法看出与上海失恋展之间的关联。

另一部分展品是通过与本地的机构合作征集的，征集工作从 2014 年 6 月就陆续开始，如雕刻时光咖啡馆、Sweet Danger②等机构。这些机构所面向的人群与失恋展的目标观众高度匹配，不仅解决了展品来源的问题，还搭载其传播平台对失恋展进行宣传推广。

最后一部分是从微信朋友圈征集。主办方负责人表示，他们与多位展品提供者都进行了线下的交流与采访，试图去获知更有趣的、有意义的失恋故事。许多提供展品的人愿意把展品赠送给主办方，以此作为与过去恋情的告别。

根据收集到的展品与故事，主办方将之梳理成如傻子的爱情、艺术家的爱、小资们的爱、总统的爱、飞行员的爱、酒吧女的爱、音乐家的爱甚至一条狗的爱，这些高度抽象的

展览现场

+

内容接受度
正负声量比 80:1

正声量：多为观众的情感共鸣与释放。此外还有人觉得展览“出人意外”、“留言板搞笑”等。
负声量：展品“比较零碎”，内容显得“矫情”，展品数量不够多，布展“不够精致”等。
新浪微博上体现的负面声量并不多，但主办方在微信上收集到的观众反馈中有不少负面的或建议性的信息。

①中文译名施德明，1962 年生于奥地利布雷根茨，现工作并生活于美国纽约。他是一位平面设计师和字体编排设计师，并广泛涉足电影置景及家具设计等。

②上海的一个派对运营机构。

展览现场

描述在传播中很容易引起关注。

在现场展示时，111 件展品根据故事内容，被梳理成心碎、奇葩和释怀三个主题，展示动线上也大致照此排布。每个展品配有 200 字左右的简短故事梗概，贴在展柜上供参观者阅读。有的展品附有二维码，扫码后可以听到一段当事人的情感自述。扫二维码听语音的部分是失恋展与“失恋了”网站（www.40le.me）以技术服务换流量的方式合作，网站为主办方提供二维扫码、导览，而展览以这个网站作为官网。除此之外，主办方还对某些提供展品的人进行了视频采访。上海失恋展中，这些视频因为没有时间剪辑制作而未能展出，但在后续几站巡展中公开播放。

除了展品背后那些失恋故事以外，整个展览中最受关注的是位于展厅出口位置的留言墙，观众对此热情极高，以小纸条的形式来分享自己的观展感受、爱情感言或是对某个前任隔空传话。

现场管理

失恋展的展览地点在月星环球港四楼的演艺中心。与月星环球港的场地合作采用了保底场租与票房提成相结合的方式。

展场面积约 600 平方米，实际展览使用面积约 300 平方米。只使用一半场地的原因，主办方认为一方面可以节约搭建成本，另一方面也是因为在策划时对展览参观量的预想不充分，希望小一点的场地容量可以造成观众短时排队的场面。但当现场观众流量增大时，排队也导致了一些观众流失。

人流量
正负声量比 1.4 : 1

正声量：主要是媒体报道展览大受欢迎，现场“火爆”。
负声量：个人观众和媒体都会提及现场的排队情况，有时甚至形容“大排长龙”。个别观众反映展览空间偏小。

因为空间条件、展场设计经验以及施工时间等各方面的限制，展场硬件设施存在诸多不足，售票处设在展馆以外的商场走廊里，与展览的结合度不够；寄存处被设在展场出口位置，给观众带来不便；陈列展品的展柜等较为粗糙，展品摆放在展柜之上，没有防护措施。

展柜没有防护还导致了一些误会，有观众将喝剩下一半的奶茶遗忘在展柜之上，连续几天未被清理（主办方也没有发现这个多出来的“展品”），又被后来的观众误以为是展示的失恋纪念物。这暴露了主办方的管理漏洞，但同时也引起了传播，有观众在大众点评上留言表示疑惑并引起讨论。对于失恋展这一时尚生活类题材的展览来说，展陈的不专业并不会产生严重后果。

在现场控制上，不足 300 平方米的展览现场，开展第一天，实际同时在场观众约 200 人。之后将展厅内的人流设为

50 人，在周末，下午 2:00~2:30 的高峰时候，场外排队人数 100 人左右。

主办方有时会刻意营造观众排队的观展气氛，并在这段垃圾时间里进行观众调查，发放合作方的宣传单页或纪念品等。

传播与票房

失恋展的预热宣传期在展览开幕前 10 天开始启动，2014 年 10 月 31 日，主办方海皮文化在其公众号发布了第一条展讯，并通过“阅读全文”的功能转向大众点评上的预售票购票链接。展览标准票价为单人票 60 元、三人票 111 元。预售期 7.5 折，即单人票 45 元、三人票 85 元。主办方对媒体称，预售票一共售出约 4000 张。在票价设计上，主办方有意没有推出常见的双人票，而是 111 元的三人票这个特殊的组合，除了单人价格更低之外，还扣住了“光棍”的主题，也便于记忆与传播。

在传播渠道中，除了开幕式当天邀请了报纸、电视台等几十家传统媒体外，其他基本都是基于微信平台的推广。

失恋展是主办方海皮文化举办的第一个展览，开展时其自身的微信公众号影响力还极其有限。所以主办方主要以通过与受众较广的微信公众号之间的活动合作与展讯投放的方式进行推广，同时还对各种公众号的票房转化率进行监测。

与微信公众号的合作中，除了付费购买外，还可以通过资源置换的方式降低发布成本，如在观众排队等待时为合作公众号分发传单，或是鼓励观众扫二维码等。

借助合作方的渠道进行传播也是极为有效的方式，这一点在前文关于展品征集的部分已经介绍过，不再赘述。

现场露出方面，月星环球港提供了商场外墙上的大电子

+ -

展览期待度

正负声量比 10:1

正声量：展览内容比较新颖，而且话题与大多数人相关，这让观众觉得“很意思，要去看看”。同时三人套票也是激发兴趣点的一个手段，折算后的票价也让观众觉得“划算”。

负声量：主要是对内容的疑虑“失恋都能办个展？”、认为展品质量“太粗糙”；票价上，观众会问：“三人票是怎么回事？”

有趣的是，无论是展览内容还是票务方案，观众的兴趣点和反感点往往都非常类似。

展览现场

屏、商场内的电梯口电子屏、商场内部广播等广告投放资源，滚动播出展览信息。主办方又租借了二十多个水牌从地铁出口沿电梯到展场门口摆放。

失恋展的门票基本通过线上票务系统进行销售，主要渠道是大众点评和格瓦拉，展览期间在各票务平台上的票价为9折。大众点评总售出门票近5000张，其中约有一半是三人票。格瓦拉售出420张。此外，还有约5%的观众是现场购票，以及通过学校渠道投放的限定在周三、周四的11元特价票。

观众

至2014年12月25日展览结束，失恋展主办方最后对外公布的观众总量是接近2万人次。根据主办方的现场问卷调查，可以总结出现场观众的一些人口学特征和行为模式特征：

男女比例为男性34%、女性66%。

职业状态为学生47%、工作51%、不详2%。

感情状态为单身60%、恋爱中25%、已婚4%、保密及其他11%。

获知展览信息的渠道为微信朋友圈63%、朋友通知23%、豆瓣4%、微博等其他渠道10%。

来看展的原因是：觉得主题有意思41%，陪朋友来25%，失恋了10%，有朋友参展4%，感受失恋4%，其余为无聊、散心、心情不好、玩、没事儿干。

观众的单日分布中，下午2~5点，晚饭后的7~8点为人流高峰期。观众行为特征中，展厅内停留时间明显呈两极化。一种人停留时间可能在10分钟左右，这类观众是典型的走马观花模式，并未融入到所展示的故事，也对整个展览基本持不认同的态度。另一种则会在现场停留60分钟左右，他们会仔细地阅读失恋故事的内容，认为“可以从别人的故事中吸取教训”、“让自己的爱情走得更远”。

位于展厅出口处的展览留言墙吸引了很多观众并占用了他们较多的参观时间，除了写下自己的爱情感言并公示之外，阅读留言墙上的内容也是占据观展时间的重要项目。

展览现场

其他营收

因为时间、财力与精力等原因，失恋展没有开发衍生品，设在展厅出口处有数量极少的几件代销产品，包括一本与失恋主题相关的书籍，以及与某一单件展品相关的明信片。

展览也没有商业赞助，同时，展品中涉及到品牌 Logo 的都贴掉了。

因为失恋展在上海的大热，迅速引起了一些二三线城市场地方的兴趣，并开发出了自己的巡展线路，目前已知的包括在广州、佛山、武汉等几个城市的巡展。

广州站[①]中，美团上的团购价为单人票 19.9 元和双人票 36 元。佛山站[②]中，拉手网的团购价为单人票 33 元、双人票 49 元。

但是，失恋展在这几个城市的巡展，市场反应均非常冷淡，媒体报导不多，观众的评价也以批评类的负声量为主。出票数量没有相关数据来估算，但观众评价中出现了“两个人包场”、“没什么人”的声音。

根据时尚文化产品从一线城市向二三线城市辐射的一般规律来说，一个在上海已经获得市场认可，又是对观众特征要求不高、票价不高的展览项目，应该很容易在二三线城市的市场中获得认同。这是一个值得关注的现象，主办方认为，基于地域文化差异，失恋展在二三线城市巡展的市场失利可能主要与以下因素有关：①观众买票看展览的习惯尚未形成；②年轻观众的口味对于鬼屋、3D 画的接受度尚可，但小资情调的内容则不受关注；③当地从传统媒体到新媒体，整体上缺少对城市时尚生活的关注，对时尚话题的敏感度不高；④巡展时将展览名称从“失恋展”改为“幸福失恋展”反而使主题不明确。

总结

从公共舆论到普通观众，对失恋展的评价明显呈两极分化，反对者认为这只是一个“情感消费”的噱头，支持者从诸多的失恋故事中找到了情感认同。在特展业内，对失恋展的评价同样褒贬不一，或者认为失恋展开创了国内特展的新模式与新思路，或是认为这个展览制作粗糙、口味恶俗，拉

① “幸福失恋展”广州站，2015年1月1日~2月28日，广州市体育中心时尚天河地下步行街原3D动漫馆。

② “幸福失恋展”佛山站，2015年3月8日~5月5日，佛山市万科广场。

展览现场

低了展览行业的水平。

失恋展的上海站首展吸引大量观众的核心原因，在于这个选题切中了几乎每个人都曾经有过的情感经历，非常容易引起观众共鸣。

将一段情感经历物化为一个纪念物，再将纪念物集合成为一个展览。换言之，将一种情感性的、叙事性的内容转换成为一个可以以视觉形式供人参观的展览，这本身是一种突破展览常规思维的方式。

这个选题在传播上的优势在于，它能产生一种“安全的争论”。在事件传播中，制造争议点是一种常用手段，其优点是能够引起人们的思考、增加记忆度，同时借助人们表达观点来增加传播与曝光。但争议有风险，因为公众的兴趣点、舆论的风向倒向何处，很多时候是不可控的，很可能走向对主办方完全不利的方向。而失恋展的争论点，无论是正面表达的“爱不爱都精彩”，还是负面质疑“噱头”，这些争论都是基于个人的价值观判断而产生的，无论多么强烈，都不会对展览本身伤筋动骨。

在展览内容方面，主办方称这些展品“和生活息息相关，看似平常，却直抵人心”。这些平常之物，本身无市场价值、无艺术价值、展品提供者无知名度，展品本身亦无稀缺性，它们能引起公众兴趣的价值点在于展品背后的故事。

失恋展的故事梳理方式显得过于简单，集中于心碎、奇葩和释怀这样的猎奇思路，对故事的介绍也只是当事人一两百字的独白。这样的内容，必然地只能吸引到情感经历相对单薄的90后观众，观众在展览中看到别人的失恋故事，寻求到情感认同。但这种认同的波长很短，话题很容易就被快速消化。

并不是每个展览题材都有必要进行深入的内容挖掘或建立理论体系，如多肉植物展，在内容上可以进行深度研发的可能性很小。然而，感情题材在观众群上具有“通吃”的潜质，它对观众的家庭出身、教育水平、职业、收入、经历、年龄、种族、宗教信仰、性别、性向和生活状态等一切的常规指标都没有要求。在内容研发上，有充分的可能性来进行多层次、多维度的价值挖掘，从而形成丰富的产品线，引发不同层次观众的共鸣，并形成迭代传播。

内容研发的丰富度，是失恋展在一时的时髦之后能走多远的重要因素。作为对比项，克罗地亚的失恋博物馆所关注的维度，除了脆弱的人类情感关系这个简单层面，还着意挖掘这些感情故事背后的政治、社会以及文化环境等多层次因素。这可能也是失恋博物馆可以在全球三十几个城市巡展而长盛不衰的原因。

图书在版编目（CIP）数据

特展时代2.0 / 贾布编著. -- 上海：同济大学出版社,
2018.4
ISBN 978-7-5608-7775-4

Ⅰ. ①特… Ⅱ. ①贾… Ⅲ. ①展览会—产业发展—研究 Ⅳ. ①G245

中国版本图书馆CIP数据核字(2018)第047218号

特展时代2.0

贾布　编著

出 品 人　华春荣
责任编辑　张　睿　　**责任校对**　张德胜
整体装帧　孙大旺　　**版式设计**　李　亮　　**图文制作**　乔　荣

出　版　同济大学出版社　www.tongjipress.com.cn
发　行　上海市四平路1239号（200092）
电　话　021-65985622
经　销　全国各地新华书店
印　刷　上海雅昌艺术印刷有限公司
开　本　787mm × 1092mm　1/16
印　张　15.75
字　数　315000
版　次　2018年4月第1版　2018年4月第1次印刷
书　号　ISBN 978-7-5608-7775-4
定　价　86.00元

2015 上海特展盘点：大师云集　快钱急活[1]
>>>

在商业化特展这个话题之下，今天谈论中国市场或者上海市场，可能并无本质性差别，每个城市因为城市文化和消费的差异，对于特展的接受度也存在巨大的差异。上海无疑是中国特展市场最为发达的一座城市，在某种程度上，甚至是唯一真正有特展市场的城市。

2015 年的上海特展，可谓大师云集：达・芬奇、雷诺阿、梵高、米罗、达利、毕加索、安迪・沃霍尔……如果只看这些展览的名字，恍然间就有种站在珠穆朗玛峰上鸟瞰大西洋的感觉。

如果用几个词来总结 2015 年的上海特展，除了大师云集、良莠不齐，就是快钱急活、赚少赔多。

何谓特展

在对 2015 年的特展市场进行总结之前，有必要先解释一下什么是特展。这个被业内人士看作是蓝海、朝阳产业的领域，对于大部分人来说还是个新鲜事物。

作为展览的一种类型，特展在国立的博物馆、美术馆系统中早已存在。在过去的几年间，随着各类民营美术馆、民间资本介入，特展的数量逐年增多，特展开始进入 2.0 时代。2.0 时代的最大

① 本文 2015 年 12 月 29 日发表于 FT 中文网：http://www.ftchinese.com/story/001065465/。

特征是朝向产业化发展，主办方将特展视为一个文化产品，以全面的市场化运作方式使特展带动更多社会资源，提高市场容量。同时，作为一个与终端消费者密切相关的行业，特展的票务、推广、营销等各个运营环节也都与各自正在快速升级的2.0时代紧密相联。

需要特别强调的是，特展从1.0发展到2.0，不是进化论意义上的产业升级，不是用2.0替代1.0，不是用“文化产业”取代“文化事业”。而是由民间资本投资的市场化特展与由国家财政拨款或民间基金会组织的公益性特展，两者形成互补格局，共同满足公众新的文化消费需求。

爆发式增长的2015年

2014年，在上海举办的“印象派大师·莫奈特展”与“草间弥生——我的一个梦”分别创造了40万人次和33万人次的参观量，创造了观众排队2个小时等待进场的火爆场面，创造了高端艺术特展进商场的“中国模式”，也创造了接下来的2015年里爆发式增长的特展市场。

假设一个高品质艺术类特展的投资规模是2000万元，这在传统的艺术展览行业看来，几乎是一个天文数字。但在莫奈展和草间弥生展这两个成功案例的鼓励下，资本迅速介入，过去一年间，上海有十几家公司涌进特展市场，期待着莫奈展的盛况在自己的展览上重演。

2015 年，上海举办的商业化运营的特展数量在 20~30 个之间，明显集中在下半年。展览内容上，艺术类与动漫卡通类仍是主流。展览的 IP 来源上，海外引进版权是绝对主体。

动漫卡通类展览一直都是特展中的热门产品，也基本延续了 2014 年的市场情况。因为投资额相对较低，娱乐性强，对场地的硬件要求不高，这类展览和商业综合体是天生好伙伴，过去经常在商业综合体中免费展出，借以提升人气与文化附加值。这一两年里，收费的动漫卡通展越来越多，2015 年有小黄人、张小盒、小丸子、变形金刚、超级马里奥、超级英雄联盟和名侦探柯南等。

时尚生活类特展的数量和内容丰富度比 2014 年有明显提高，有电影衍生的哈利·波特展，也有音乐衍生的披头士展。相较而言，本土独立研发 IP 的“乾隆号，下一个江南”“精神病的世界”等展览更值得关注。

西方艺术史上的大师级艺术家扎堆出现，是 2015 年中最为显著的现象。本文的大部分内容都是对这一类型进行分析。

身份差与时间差

也许是从 2014 年莫奈展的巨大成功中总结的经验，特展投资方普遍认为西方经典大师的展览虽然投资大，但市场更有保证。2015 年中，多位西方艺术史上的大师云集上海滩，但除了梵高映像展实现盈利之外，其他多以观众反应冷淡、票房失利而收尾。这一方面固然是因为上海目前的特展市场规模消化不了这么多大师一起登场、互相抢戏，更与展览本身的品质不高有着巨大关系。

在月星环球港举办的毕加索作品展中，版画和陶器是展品的绝对主体；同一主办方在稍早时候举办的安迪·沃霍尔作品展也是以版画为主。米罗是版画展，梵高展和达·芬奇展实际上是多媒体展，K11 的达利展中也有油画，但以杂志为主要展品。

中国特展投资方很难拿到好展览，有两个核心原因：身份差、时间差。

先说身份差。艺术史上大师级的作品大多都已经保存在国立或民营的博物馆中，通常来说，博物馆在出借展品时会非常看重对方的资质和级别，越是大牌的博物馆越是挑剔。这不是中国和西方的体制差异，而是民营资本和国立美术馆的身份差异。中国新兴的民营特展公司，从出身和基因上天然就缺少和外方博物馆、美术馆讨价还价的能力。这就是为什么，2015 年上海大师特展中的作品大多来自基金会和私人藏家，版画因为存量多、货源足也成为 2015 年大师展览中的主体类型。

当然，如果有充分的筹备、沟通时间，了解外方博物馆和展览版权方的运行规则，寻找合适的机会，中国特展主办方也有可能拿到好的展览项目。2011 年的毕加索大展能够在上海举办，是因为巴黎的毕加索美术馆正在闭馆装修，大量作品在全球巡展。2014 年莫奈展的展品出借方巴黎马摩丹美术馆是一家民营美术馆，相对来说处理作品的自主性更强。

好的展览，需要时间和耐心。

全球特展市场上有很多好的展览项目在开发巡展和寻找买家，一边是手持展览 IP、摩拳擦掌想要开拓中国特展市场的海外特展版权方，一边是手持重金、擦掌摩拳想要抓住特展商机、满世界找项目的中国投资方。在这看起来是天作之合的卖方与买方之间，却存在着一个巨大的认知鸿沟：时间差。

在欧美地区，无论是博物馆、美术馆，还是开发特展产品的商业公司，一个展览从立项、策划到最终成功开展，两年的准备期是一个公认的比较合理的节奏。即使是那些已经开发完成并在全球各地巡展的成熟展览项目，展览档期通常也是提前一两年就排定的。也就是说，当中国投资方在操心 2016 年上半年做什么项目时，欧美的特展版权方已经在谋划 2018 年去哪里展览的事情了。

可得瑟值

–

两个达利展撞车，算得上是 2015 年上海特展中最具戏剧性的事件，也在舆论中引发了“特展热”的话题。但如果从对特展产业发展的长期影响来看，“凯迪拉克·不朽的梵高——感映艺术大展”却是这一年中最值得关注的案例。

梵高展的主体是多屏幕投影装置，将梵高画作编辑成一组动态影像，辅以灯光和音响，让观众有浸入式的观展体验。这个展览在没有一件真迹、全是投影的情况下，在上海创造了 4 个月 36 万人次的参观量，并且卖掉了北京、杭州、成都、武汉等多个城市的巡展版权。

从商业运营上来说，无论是票房还是赞助，梵高展上海站都是 2015 年最为成功的商业特展，甚至没有之一。虽然项目投资额没有公开数据，但根据常理来分析，影像的版权费用一定远远低于真迹作品，而且不存在作品保险、作品运输等费用。

梵高展最受争议的是其内容。一种声音说：一张真迹都没有也敢卖 150 元，乱来！另一种声音说：一张真迹都没有也能吸引 36 万观众，厉害！

梵高展上海站在开幕之前就已经在格瓦拉上售出超过十万张预售票，如果说这个时候市场反应热烈是因为有些观众不知就里，误以为这是个梵高真迹展，那么在展览开幕并有大量现场图片、视频、评论、报道广泛传播之后，梵高展的票房仍然一路上扬，这就不能简单地用“观众被忽悠”来解释了。

在各种点评平台上，对梵高展的吐槽不少，集中在没有真迹、影像质量差、内容单薄等方面。但另一方面，通过微信朋友圈传播出去的一张张照片和小视频仍然看起来非常炫酷并持续吸引更多参观者。

这个展览提出了一个重要的问题：真迹与否，观众有多在乎？或者说，除了真迹，观众还在乎什么？

在观众 U&A（行为与态度）研究中，我建立了一个新的评估维度叫“可得瑟值”。如果说，展品的数量、质量决定一个展览的性价比的话，那么，展览中是否能拍出好看的照片或视频，是否能在社交媒体的传播中能引起关注和点赞，就是展览的“可得瑟值”。作为针对公众的文化娱乐活动，展览“可得瑟值”的重要性已经远远超出了传统主办方的想象。

2015 年，上海“可得瑟值”最高的展览当属“雨屋”，150 元的标准票价，每个观众可以有 10 分钟现场体验“天下雨而淋不湿”。“雨屋”没有大师级的来头，算不得高精尖的技术，展览举办地余德耀美术馆地处新开发的西岸区域，周围几乎很少有自然人流；展览现场更是简单到乏味，就是一大间正在“下雨”的屋子。但观众在“雨屋”里很容易就能拍出像海报一样漂亮的照片，李宇春也在“雨屋”给自己的演唱会拍了一段宣传片，在格瓦拉票务平台上，这个“可得瑟值”最高的展览已经销售了近 8 万张门票。

性价比

–

绕回来说，作为大师艺术特展，真迹与否就真的不重要了吗？

以前，大师艺术特展的主办方多是国立博物馆和美术馆，观众对于这些场馆有着天然信任。之后，民营资本主办的毕加索、莫奈等展览，即使舆论对作品水平存在争论，但也从未涉及真假的问题。

梵高展在中国开启了一种新的展览形式，其上海站也获得了巨大的票房成功。但这种成功完全不可复制，甚至是一将功成万骨枯，它将莫奈展和草间弥生展所创造的市场红利一网打尽，在观众心中留下一片关于真迹问题的巨大阴影，而紧随其后那些内容与品质先天不足的大师展，不仅自身受到梵高展的负面影响，也因其展品含金量低、宣传夸大其辞、现场体验乏味，而更进一步加深了观众对于展览质量的疑虑与警惕。

梵高展之后，观众在做消费决策时明显更加慎重。在格瓦拉票务平台上，凡是有艺术大师名头的展览，观众留言里都会频繁出现“是真迹吗”的提问。从负面说，这是观众与主办方之间的信任被破坏了；从正面说，是在客观上促使特展观众走向成熟。

价格信任

–

梵高展对特展市场造成的另一项长远影响是它重新定义了展览的票房规则。

早几年间，各种展览也有网上售票，通过团购网站等方式线上销售，再将纸质票邮寄至购买者手中。展览票务的真正电子化是从 2014 年草间弥生展通过格瓦拉票务平台出票开始的。直到今天，格瓦拉仍然是上海做展览票务最为成熟的线上票务平台。

从 2014 年底开始预售的梵高展，采用了高票面、大折扣、长预售期的组合售票模式：标准通票 150 元，提前 5 个多月预售，预售票价 80 元。（2014 年最火的两个展览，草间弥生展票价是 50 元，莫奈展是 100 元。）

这种做法成为之后几乎所有特展的标准动作。如 2015 年下半年的“乾隆号，下一个江南”双人票 240 元，提前 3 个月预售的双人票 88 元，相当于 3.6 折。“疯狂达利艺术大展”票价 160 元，也是提前 3 个月预售，预售票 80 元。

从观众的角度来说，线上票务平台除了价格优惠外，还能提供和电影院一样便捷的现场机器取票服务，大量节约了观众排队购票的时间，观众的购票习惯明显地从线下转移到线上。

从主办方的角度，预售票可以让主办方在展览开幕之前就有资金回笼，并且根据预售票情况提前掌握市场反应，对于展览现场管理、衍生品的生产都有重要的指导作用。

然而，这种做法的负面影响也已经明显体现出来。梵高展的高票价和高人流让之后的一些特展主办方对市场反应的预期过高，这导致整个 2015 年很少能找到百元以下票价的特展。

另外，观众会倾向于认为预售价才是展览真

实的市场价格，前面预售价的折扣越低，开展后全价票就越难卖，主办方往往不得不在开展后继续以其他名目打折。这种做法，实际上是破坏了主办方与消费者之间的价格信任。

独立 IP

在 2015 年上海市场上的近 30 个特展中，无论是前面重点谈论的艺术大师类特展，还是动漫卡通类特展，几乎都是老外一统天下的格局。大部分的特展投资者会选择直接从海外购买现成 IP 或现成展览，显然是因为独立 IP 的开发时间太长、风险太大——尤其在整个特展行业都还不成熟的时代。

然而也有为数甚微的几家本地特展公司在艰难探索独立 IP 的研发之路。在上海，这类展览包括“精神病世界”“乾隆号，下一个江南”等。

“乾隆号，下一个江南”是一个三言两语说不清的展览，主创团队从故宫文物中抽取了一些线索并将之拟人化，讲述了一个清宫文物出逃江南的故事，整个展览有多条故事线索同时推进、多种风格同场展陈，又引入蔡康永、韩寒等明星坐镇，但过于复杂的结构还是导致观众很难领会到主办方想要表达的意思。

“乾隆号，下一个江南”的内容开发和运营都处在比较幼稚的阶段，在上海的票房也并不理想，但其投资方对整个产品线的长期规划却很值得关注。主创团队计划以乾隆和中国传统文化为核心概念，每年推出一个不同主题的展览，由此，“乾隆号”的概念、开发出来的 IP 都可以在多届展览中得以延续和沉淀，并产生更多价值。

快钱急活儿没经验

受到 2014 年莫奈展等成功案例的鼓励，同时也受到 2015 年整体经济形势的影响：股市低迷，资本寻求新的投资渠道，文创产业在整体上受到国家政策的大力支持，众多投资方看重特展这个朝阳产业，在对市场没有足够了解的情况下就带着快钱冲进来，匆忙上阵、充满期待。

无论是海外引进展览还是自主开发 IP，无论是艺术还是其他类型的展览，快钱、急活儿是 2015 年大多数展览的共同特征。这种急于求成的心态不仅导致主办方只能选择那些以最短时间就能快速上马的项目，也导致整个项目的运营策划和现场管理存在各种问题，并成为很多展览运营失利的原因。

如前所述，在资金保障的前提下，大型特展一般需要一到两年的筹备期。但在当下中国的现实情况是，从立项到开展常常只有三五个月，有时甚至更短。这三五个月里，场地、批文、海关、搭建、运输、保险、设计、布展、衍生品开发、宣传、票务……在浩如烟海的事务性工作之后，展览中最根本的两个问题反而被忽略了：展什么，展给谁看。

展览的核心是观众，观众开发的核心是把正确的信息，通过正确的渠道，送达正确的人群，由此才能产生最高的票房转化率。然而，既不了解产品，也不了解消费者，这个看似可笑的现象，却在当下特展行业里普遍存在。

与此同时，因为大多数特展公司都是在这最近一两年里才刚刚转到特展行业，主办方的决策者们要么是文青转型当商人，要么是商人转型搞文化，又普遍缺少具有专业经验的执行团队，导致快钱急活儿的负面因素被进一步放大。

2016 年：洗牌，扩张

总之，特展市场在经历了 2014 年的初步爆发，2015 年的泥沙俱下，在接下来的 2016 年里必将面临全面洗牌。

伴随着特展数量的增加，消费者也在继续扩容，观众的消费心态也趋于成熟。投资方中有的坚守阵地，有的悄然退场，也会有其他企业的加入。展览题材上，大师艺术特展在经历了 2015 年的集体性重挫后可能会去芜存菁、整体数量减少，教育、科技和娱乐类的展览有望增加，特展多样性会进一步体现。在充分竞争的特展市场中，策划、运营、服务等都需要进一步精细化的操作。特展的运营模式也有可能突破原来单纯的票房加衍生品的项目式运作，地产、社交、电商、流量、O2O……这些概念都有可能活跃在 2016 年的特展中。

迈向“十三五”的前瞻
——发展上海特展产业的对策建议[1]
>>>

特展是以普通公众为目标客群的文创展览，在社会效益和经济效益两方面都具有广阔前景。最近几年，民营资本进入特展行业，以全面市场化的思路来运营特展，更积极地带动各种周边产业的发展，是特展朝产业化发展的重要标志。

上海的特展产业还处于起步阶段，但已经拥有可观的消费群体，并有望继电影、演出之后成为又一文娱消费热点。

作为文创领域中一个具有极大发展前景的新兴产业，特展的数量在最近几年间稳步提高，高投资、高票价、高人流量的特展数量也在增加，市场竞争趋于激烈。但另一方面，在大文创时代的格局中，特展的市场爆发力尚未完全体现，还没有得到充分重视。

上海的特展产业运营上仍属于粗放式经营的探索期，特展运营者在成本控制、品牌行销、营收绩效等多方面无矩可循，在内容研发、观众体验、衍生品开发、宣传推广等诸多环节上都有待提高。

（一）加强展览内容的研发水平

在产业化发展的过程中，与特展内容多样化同时发生的是特展观众群体明显扩大，因为特展的内容已经远远超出了艺术范畴，特展观众也不

① 本文收录于“上海文化发展系列蓝皮书”之《上海文化产业发展报告（2016）：迈向“十三五”，开创新格局》，荣跃明、花建主编，上海社会科学院出版社，2016年6月。

再是传统意义上的“文艺爱好者”，其年龄、职业等人口学特征的分布更为广泛，价值观等也更为多元。特展主办方加强展览内容的研发水平，是为了能更好地照顾到不同类型观众的观展需求以达到扩大观众规模的目的，这需要展览的内容能够协调观众需求与内容供给之间的关系，协调特展的教育功能与娱乐功能之间的关系。

1. 协调观众需求与内容供给的关系

对主题进行多维度的挖掘，是为了能应对更多不同观众的需求。主办方需要对展览目标观众群体进一步细分并充分考虑各类观众的内容偏好、行为习惯与价值观，使展览内容与目标观众在不同维度上产生理解与认同，在两者之间构建起稳固的关系。

对特展内容的多维度挖掘还包括提升展陈形式的多样化。在不破坏展品本身意义与价值的前提下，具有互动性、趣味性的展陈形式明显更有利于观众深入理解展览内容，加深印象，并形成进一步传播。

互动性、趣味性对观众的吸引力在 2014 年的“草间弥生——我的一个梦”有着突出体现，引起公众关注和传播最多的作品是《洁净之屋》，这个空间装置作品邀请观众将彩色波点贴纸贴在一个纯白仿家居空间中。

即使是以经典艺术作品为卖点的特展，其表现形式也越来越多，在某些情况下，是否能拿到原作已经不再是艺术类特展成功与否的唯一标准。

2015 年在新天地太平湖上举办的“凯迪拉克·不朽的梵高——感映艺术大展”，整场没有一幅真迹，虽然被批评为“PPT 展览”，但其对拓展展览形式的价值仍然值得被充分重视。

2. 平衡教育功能与娱乐功能的关系

对特展在内容和形式上的深入挖掘，都是为了带给观众更好的观展体验，留下更深刻的印象，并吸引更多观众参观。而良好的观展体验也将有助于平衡特展的教育功能与娱乐功能。

虽然特展在今天已经整体上具有明确的娱乐化、世俗化倾向，但要注意到，以艺术类为主的特展具有明显的教育功能，这是特展与电影、演出等文娱消费的重要区别之一。

以最为典型的艺术类特展为例，一方面，观众对展品所携带的知识量、信息量都有着较高期待，希望通过看展览来提升自己的文化艺术欣赏水平；另一方面，看特展不再是一个单向的“接受教育”过程，而是一项包括了休闲、社交等功能的综合文娱消费。总的来说，观众对于无论是内容还是形式上的“新奇”的展览都会更感兴趣，对展览的“知识性”和“互动性”更有期待。因此，艺术类特展中，主办方必须更多考虑普通观众的接受度与理解力，避免传统艺术类展览中的学术腔和高冷姿态，以多种展陈方式让观众更有效地理解作品和展览，使看展不再是一个高高在上的艺术朝拜，而真正成为公众文娱生活的一部分。

（二）加强展览现场管理水平

上海的特展整体上处于起步期，竞争尚不激烈，主办方的注意力集中在内容研发与市场推广上，现场管理水平是一个在当下市场环境中经常被忽视的问题。现场管理的精细度不足会直接影响用户体验，因此对特展行业的长期良性发展非常重要。

展览的现场管理包括现场软硬件设施的专业度，现场工作人员的专业度和工作状态以及对展览期间的口碑监测和反应。

1. 对现场软硬件设施与服务的管理

现场管理的硬件主要指展览场地的专业度，如运送作品的货运通道、安保设施、恒温恒湿等场馆硬件设施，以及与售票、排队、寄存等观众服务相关的空间需求。一般来说，专业展览场馆在建筑设计时就已经考虑这些空间和硬件要求，而一些从商业综合体改建而来的展示空间则存在一定缺陷。

如果说硬件问题因受限于多种因素而在短时期内无法有效解决，那么展览现场的软件设施则更体现出了主办方的专业化程度。软件方面主要是指针对观众的服务设施，包括动线设计和标识系统是否清晰，现场是否有无线网络覆盖，导览内容的准确性、趣味性和信息量，导览形式是否足够多样化以满足不同类型观众的要求，现场安保、志愿者以及其他工作人员的工作方式、精神状态、仪表形象、对观众的亲和力、对展览内容的理解水平等，都会对观众的观展体验及后续的口碑传播形成重要的影响。

2014 年中，“印象派大师 · 莫奈特展”在应对持续的大人流量时的解决方案是很好的正面案例，证明硬件设施上的短板可以通过良好的组织来解决。在这个展览中，一般会引起人流排队聚集的两个环节，购票与入场，都通过不同方式予以化解。在购票环节，因为主办方与线上票务平台合作，提前线上购票的观众可以在现场通过机器取票，大量节约了观众现场购票取票的时间。在入场等待环节，观众买票的同时会拿到排队号，叫号电子屏显示当前入场号码和等待人数，并告知观众一个大概的等待时间，鼓励观众分散到其他区域。这种方式极大地缓解了现场的人流压力，让观众可以更自由地利用等待时间，同时又为展览场地 K11 商场及周边商圈带来了大量客流。

2. 对现场观众不当行为的管理

在展览的现场观众管理中，当下比较普遍存在的问题是如何对观众在现场拍照、与作品过度互动等不当观展行为进行引导与规范，在大人流量的展览中，这些问题会因为管理人员人手不足而显得尤为严重。

拍照并在社交媒体上进行分享已经成为现在观众观展的一个重要动作，同时也是展览本身传播与宣传的有效途径。有的艺术展览现场不允许拍照，一般是出于以下几个原因：①作品因年代久远等原因，其物理性质非常脆弱，闪光灯会对作品的寿命和品质造成影响；②版权方想要保护作品的图像版权而不许拍照；③出于展场管理的原因，现场拍照会造成人流拥堵，闪光灯的闪烁会影响他人的观展体验。

从观众方面来看，大部分在现场拍照的观众的目的只是想要留个纪念，或是“看到别人拍，所以我也拍”的从众心理，其行为本身并无主观恶意。对于此类行为，一方面是要进行正向引导，明确告知拍照规定。另一方面，可以设立专门的拍照区域，在不侵犯版权方要求的前提下，设置背景板、小道具等拍照“景点”，在灯光、服务上提供比展览现场更优的拍照环境。

观众与作品过度互动的行为通常发生在拥有互动作品的展览中，观众的不当互动行为有时会导致作品损坏，严重的甚至会产生经济或法律纠纷。观众过度互动与拍照有类似之处，即：观众在与作品互动时通常并没有要破坏作品的主观恶意，他们或是想和展品近距离接触，或是并不清楚每个作品的互动方法，不知道哪些作品可以互动而哪些不可以。

针对观众的这两种不当行为，除了加强工作人员现场引导与监督外，还可以充分利用观众排队进场前就进行展前培训。当观众处在无所事事的状态中时，对各种互动活动的配合度都要比平时更高。利用这个时段进行展前培训，展开会员招募、观众调研、互动游戏，甚至一些商业合作伙伴的市场营销活动，都会起到不错的效果。

（三）拓展异业合作的类型

异业合作是目前各种不同行业普遍采用的营销方法，当不同行业的目标消费者部分或者全部重合时，异业合作的双方捆绑其产品资源或渠道资源，这不仅能降低合作双方的运营成本，还有助于各自的产品销售和品牌推广获得提升。

特展是针对普通公众的文化娱乐消费，与旅游、教育、餐饮、交通等多个行业都有极大的客群重合，可以展开异业合作的可能性非常多。就目前上海特展的发展现状而言，更具可行性的异业合作集中在旅游、商业综合体和教育等几个方面。

1. 与旅游业的结合

引入都市旅游和文化旅游的思路，将特展与其他文娱消费、餐饮消费结合在一起，辅助以交通和导览服务，以多展览、多场馆联动的方式，开发以特展为核心的旅游产品线。

目前情况下，上海本地游客仍是特展旅游的主要目标客群，但同时也需关注长三角地区的观众。与演出市场的情况类似，异地看展是一种已经存在的观展行为模式，上海周边地区的看展观众群仍有很大的市场挖掘潜力。

从传播和销售渠道来说，充分利用发达的线上旅游平台，文化旅游产品在数量和品质上的提升，不仅是促进特展本身的运营，同时也能提升旅游产品的丰富度。

2. 与商业地产的结合

在电商的持续冲击下，实体物业型的传统商业地产面临转型，文娱消费是可以带动人流与消费的行之有效的方法。电影院线与商业地产的结合已经发展得较为成熟，在上海，将演出场馆引入商业地产是这一两年间出现的一个值得注意的现象。

当前，有大量商业运营的特展是在商业地产中举办，但大多数时候，两者之间只是简单的场地租赁关系。从商业地产的物业运营方来说，用票房分成来取代或结合传统的场地租金可以调动场地方更多的积极性，也有可能获得更高的收益。此外，如果商业地产能够更紧密地利用特展的内容，将展览与商场的餐饮、娱乐业进行打包式、联动式的合作营销，让观众把看特展和其他休闲消费打包进一个半天的消费周期里，既能提升观众的消费体验，也将形成特展与商场的双赢。

3. 与教育产业的合作

在上海特展已有的异业合作模式中，教育活动发展得较为成熟。在展览中植入教育活动，既能帮助主办方吸引人流，增强观众黏附力和传播效率，又能成为展览获得营收的手段。基于特展内容与形式的特点，围绕特展而产生的教育以兴趣教育为主，通常以讲座、深度讲解、工作坊、训练营、互动游戏等方式展开。

在上海，特展与教育产业的异业合作主要存在两方面的问题可以改进。①特展主办方现在普遍将教育视为展览推广中的一个环节展开，其主要目的是媒体曝光而非商业营收。这导致教育产品普遍存在研发不足、商业化程度不高的现象。而事实上，如果对教育投入更多的关注，这项业务有很大机会能产业营收。②在已有案例中，针对儿童的教育活动更为常见，而针对成人的教育项目则相对较少，且多是免费讲座的形式。主办方一方面可以增加成人教育的种类，另一方面还可以考虑将成人教育和儿童教育进行更多形式的结合，除了家长和儿童同时参与的亲子教育，还可以为儿童教育同步配套成人教育项目，有效利用家长等待的垃圾时间。

（四）建立全面持续的特展产业研究体系

传统国立博物馆、美术馆的学术研究大多集中在对展览内容的发掘，而展览运营一直没有得到充分重视。相对的民营资本由于其经营性质和人员配置的问题，一般也无法对特展的产业发展进行系统的学术研究。

特展产业在未来的良性发展中，必然需要建立一个持续、全面的学术研究体系，为产业发展提供必不可少的市场数据、趋势分析等。这在一方面可以帮助特展运营者更全面地了解市场，进行更加理性的项目决策；另一方面也为政府对特展产业进行管理提供参考依据。

2016—2017上海特展行业消费市场主要变化趋势[1][2] >>

在过去的几年中，随着上海特展市场快速发展，特展观众作为市场中的主要消费者，其基本属性、行为倾向与态度偏好等也随着市场的逐渐成熟，展现出更为鲜明的特点与变化。本文将对上海特展行业消费市场中观众在2016—2017年较前几年呈现的主要变化与趋势，进行市场数据的解读与分析。

（一）上海特展观众的人口学特征迥异与欧洲市场

在2016—2017年的市场数据中，上海特展观众的人口学特征以及观众行为与态度相较于2014—2015年度均没有大的变化，高学历、年轻化、女性主体等仍然是特展观众最为典型的特征。

在受教育程度方面，大学本科及研究生以上学历的观众占总看展观众的67%，20~39岁的青年观众占总量的62%。

德国柏林自由大学持续针对22家柏林主流艺术机构进行观众研究，以这项研究的结果为例，可以看到柏林与上海展览观众在年龄分布上的巨大差异。对比结果显示：在观众总量中，20~29岁的观众，在上海为35%、在柏林是18%；30~39岁观众，上海是27%、柏林是15%；40~49岁观众，上海是21%、柏林是19%；50岁以上的观众，上

① 定量研究数据采集委托专业第三方调研公司执行，结合线上、线下两种采样方式，以问卷调研的方式展开。考虑此次研究所需要达到的数据精度，统计分析时以95%为置信水平，抽样样本的极限误差约为4.3%。数据结果经过严格的质量检核，剔除有遗漏、逻辑不自洽或其他可能有数据问题的问卷，以确保数据的准确性和有效性。同时，结合以深度访谈为形式的定性研究，验证数据结果的合理性。

② 本文收录于《上海会展业发展报告（2018）》，陈先进主编、季路德副主编，上海科学技术文献出版社，2018年4月。

海是 12%、柏林是 43%。

2016—2017 上海特展市场观众年龄水平分布

19 岁及以下	20~24 岁	25~29 岁	30~34 岁	35~39 岁	40~44 岁	45~49 岁	50 岁及以上	合计
5%	18%	17%	16%	11%	13%	8%	12%	100%

2016—2017 上海特展市场观众教育水平分布

高中 / 中专 / 技校	大专	大学本科	研究生及以上	合计
13%	19%	57%	10%	100%

虽然这两项观众研究的统计方式有所不同，但上海的展览观众以 20~39 岁之间的年轻人为主体，占观展总人数的 62%，这迥异于欧洲以中老年观众为主体的状况。

（二）中高频看展观众更多选择 IP 类展览

在 2016—2017 年度的上海特展观众 U&A 研究中，我们根据观众不同的看展频次对其做了新的群体分类及相关定义：我们将每年平均看展 1 到 2 次的观众定义为“低频观众”，这类观众占看展观众总数的 90%；将每年平均看展 3 次以上的观众定义为“中高频观众”，占观众总量的 10%。这两类观众在观展行为和态度上都有一些比较明显的不同。

2016—2017 上海特展市场观众看展频次分布

每年平均看展 1~2 次的观众	每年平均看展 3 次及以上的观众	合计
90%	10%	100%

在各类展览内容中，大师级的、著名艺术家的作品展览仍然是最受欢迎的展览门类，在低频观众中，这种选择占 41%，在中高频观众中占

58%。此外，低频观众对以互动性体验为主的娱乐性展览认同度更高，而中高频观众则对喜欢的动漫、小说、游戏、电影等 IP 衍生出的展览有着自己更为明确的偏好。

2016—2017 上海特展市场观众对展览类型的偏好分布

	大师级的、著名艺术家的作品展览	由知名博物馆、美术馆举办（或与其合办）的展览	以高互动性体验为主的娱乐性展览	喜欢的动漫、小说、游戏、电影等 IP 衍生出的展览
低频观众	41%	23%	24%	12%
中高频观众	58%	12%	9%	21%
整体观众	41%	22%	23%	14%

（三）100 元票价是消费态度拐点

调查显示，大部分观众的价格心理舒适区间是 30~50 元 / 人，观众的价格敏感度在 100 元 / 人时是个拐点，学生群体的价格敏感拐点是 50 元。当价格达到 100 元 / 人以上时，观众的购票障碍会明显增大，对展览内容会以更加审慎的态度进行评判。单人通票定价在 120 元、150 元或更高价格水平的，只有当展览 IP 及内容保持在一个相当高的水准时，或者展览能提供非常独特的互动体验时，高价票才有可能获得较好的销量。

2016—2017 上海特展市场观众人均展览门票消费意愿

20 元 / 人及以下	60 元 / 人及以下	100 元 / 人及以下	120 元 / 人及以下	150 元 / 人及以下	180 元 / 人及以下	200 元 / 人及以下	我愿意花费更多	合计
5%	27%	32%	10%	13%	5%	5%	3%	100%

（四）看展社交模式逐步形成

在电影、戏剧、音乐等文娱活动中，展览的社交属性是最强的，因为其他文娱活动的过程中观众都无法进行沟通交流，只有看展的过程是可以边看边聊，进行实时交流的。

在观众看展行为调查中，双人出行是最为常见的模式。而同行对象的选择上，情侣或夫妻占 23%，好朋友占 58%，亲子出行占 11%，集体出行和自己看展都只占极少的比例，其中，一个人看展的只占 6%。有的观众表示，如果没有找到合适的看展同伴，则很有可能会放弃看展。

2016—2017 上海特展市场观众看展出行模式倾向

情侣或夫妻	好友	自己的孩子（儿童）	学校或单位组织的集体活动	自己一个人	合计
23%	58%	11%	2%	6%	100%

亲子出行所占的比例虽然不高，但调查结果还显示，会带孩子一起去看展览的家长更容易成为每年看展 3 次以上的中高频观众。亲子观众的看展种类非常丰富，除了那些专为亲子市场打造的展览之外，其他偏知识性的、艺术性的，或者是只要没有色情暴力场面的展览，家长都愿意带孩子去观看，在家长看来，这比待在家里玩手机看动画片要好多了。

当观众无法在自己身边找到合适的同行伙伴时，他们会在一些热门的文娱资讯网站上发贴约人同行看展，比如豆瓣上，展览相对应同城活动下经常会有观众自发的约展群，提议看展时间，在线召集同行伙伴，这已经成为年轻人间一种新兴的社交模式。

（五）城际看展观众渐成规模

随着上海特展的兴起，“上海特展”已经在全国范围内形成了一定的知名度，逐步形成正面的品牌效应，向周边地区进行辐射。

在一项专门针对城际观众的调查中我们发现，一些大热展览，以及国定假期中，特展的城际观众已经占观众人数的 1/3。

2016—2017 上海特展市场大热展国定假期城际观众比例

常住上海的观众	67%
城际观众	33%
合计	100%

在这些城际观众中，来自浙江和江苏这两个临近省份的观众占 42%，也就是说，每 5 个城际观众中就有 2 人来自江浙两省，有约 10% 的观众来自北广深，国内其他城市的观众占城际观众的一半左右。

2016—2017 上海特展市场大热展国定假期城际观众来源城市分布

浙江	23%
江苏	19%
其他一线城市（北广深）	10%
国内其他城市	48%
合计	100%

另一个值得关注的现象是，在这些城际观众中，有约 1/5 是专程来上海看展的，这类观众的观展决策也更为提前，通常是在展览刚刚开票时，或者提前两周做出看展的决策（相比之下，本地观众通常是提前一周做出观展决策）。

2016—2017 上海特展市场城际观众看展动机

顺便来上海看展	专程来上海看展	合计
78%	22%	100%

随着长三角城市群一体发展的不断变化，上海特展对长三角城市形成了越来越大的影响力。无论是专程看展，还是借出差、旅游、探亲访友之机顺便看展，城际观众在看展时的消费意愿都明显高于本地观众，这包括城际观众愿意支付百元以上门票的比例更高，预留的看展时间更长以及对于衍生品的消费意愿等，都有更高的接受度。这也启发了上海特展的运营方要更多地从长三角一体化发展的角度，扩大上海特展的辐射范围和影响力。

2016—2017 上海特展市场观众最高门票人均消费意向

	20 元 / 人及以下	60 元 / 人及以下	100 元 / 人及以下	120 元 / 人及以下	150 元 / 人及以下	180 元 / 人及以下	200 元 / 人及以下	我愿意支付更多	合计
上海常住观众	5%	27%	32%	10%	13%	5%	5%	3%	100%
城际观众	7%	17%	25%	13%	15%	5%	16%	2%	100%

2016—2017 上海特展市场观众最长看展时长意向

	1 小时 -1 个半小时之间	1 个半小时 -2 小时之间	2 小时及以上	合计
上海常住观众	48%	38%	14%	100%
城际观众	15%	30%	55%	100%

2016—2017 上海特展市场观众衍生品购买意向

	展览现场通常会购买衍生品	展览现场通常不会购买衍生品	合计
上海常住观众	38%	62%	100%
城际观众	46%	54%	100%

（本文数据分析：孙露）

上海特展产业的发展现状及新趋势[①]
>>>

2017 年的上海特展产业总体上呈现健康良性的发展趋势：特展数量增多，展览质量明显提升。从上海特展的运营主体来看，原有的特展主办机构逐步形成各自明确的办展思路；数量可观的国企开始布局特展产业。从展览内容和质量来看，上海特展在主题选择、展陈、宣传推广等各个方面都有稳步提升。从消费者一侧来看，观众的观展行为和态度更加成熟理性，对价格、内容以及性价比都有了较成熟的判断，同时，看展览的新型社交模式以及异地看展的消费行为模式，也都已经形成了一定的规模。

2017 年在特展数量增加的同时，上海特展产业出现了新的发展趋势：办展主体的专业化程度、行业经验和实力都比之前有明显提高；展览的内容、策划、展陈也都有稳步提升，特展观众也稳步成熟起来，形成了相对固定的看展偏好和看展行为习惯。

一、上海特展运作主体的充实与调整

从展览主办方来看，经过这 2~3 年的实践，上海形成了一批包括特展公司、民营美术馆，以及商业地产管理方在内的特展主办机构，其中一些较为成熟的主办机构，在特展的项目选择、办

① 本文收录于“上海文化发展系列蓝皮书”之《上海文化产业发展报告（2018）：促进新消费，激发新动能》，荣跃明主编、花建执行主编，上海书店出版社，2018年3月。

展思路上都逐渐形成各自的特色。同时，一批实力雄厚的拥有展览产业相关资源的国有企业开始布局特展产业，这为特展在未来的持续发展奠定了基础。而 2017 年在上海市会展行业协会之下成立的文创特展专委会则为特展的发展提供了一个交流、研究和学习的平台，起到了良好的促进作用。

（一）特展主办机构逐渐形成各具特色的办展思路

在诸多特展公司中，作为上海民营企业举办特展较早的实践者，上海天协文化发展有限公司在特展领域坚持至今，并仍然在行业中占有举足轻重的地位。在 2014 年成功举办了“印象派大师 · 莫奈特展”之后，天协又在 2016 到 2017 年间先后举办了“印象派大师雷诺阿特展[①]”“蓬皮杜现代艺术大师展[②]”等重量级的艺术特展。再结合天协更早之前举办的“2011 毕加索中国大展[③]”等展览可以清晰地看出，天协致力于引进国际高端艺术展览的办展思路已经相当明确。

民营美术馆的大量兴起，是上海最近几年间最值得关注的文化现象之一。位于徐汇西岸地区的龙美术馆和余德耀美术馆在 2014 年先后开幕。这两个美术馆都是由收藏家创办的美术馆，本身拥有大量藏品。两家美术馆所举办的展览，除了馆藏作品的展示以外，也都持续引进其他特展，均已形成了清晰、稳定的展览思路。

① 2015 年 11 月 20 日 ~2016 年 3 月 6 日，上海展览中心西二馆。

② 2016 年 10 月 7 日 ~2017 年 1 月 15 日，上海展览中心西二馆。

③ 2011 年 10 月 18 日 ~2012 年 1 月 10 日，上海世博园中国馆。

龙美术馆（西岸馆）的展览包括依托于美术馆自有收藏的中国传统艺术展览，如“永乐大帝的世界——御制唐卡暨永宣文物特展①”；引进国际现当代艺术名家的大展，如“安东尼·葛姆雷：静止中移动②”“詹姆斯·特瑞尔回顾展③”以及“奥拉维尔·埃利亚松：无相万象④”等，此外，还积极举办国内一线艺术家的作品发布展或回顾展，如“展望：境象⑤”“向京：没有人替我看到⑥”。

西岸的另一个重要民营美术馆——余德耀美术馆在这几年的办展实践中也逐步明确了选择展览项目的思路：一方面是重要的现当代国际艺术大师回顾展，如“安迪·沃霍尔：影子⑦”“阿尔贝托·贾科梅蒂回顾展⑧”等，另一方面是强调互动和娱乐性的跨界展览，如引进的兰登国际“雨屋⑨”，以及“KAWS：始于终点⑩”等。

位于浦东滨江地区的艺仓美术馆在2016年年底开幕后，迅速成为上海活跃的特展举办机构。艺仓美术馆的做法是同时举办不同类型的2~4个展览，可以满足不同看展偏好的观众。在过去的一年中，艺仓美术馆先后举办了古典艺术主题的“小米手机·神美·米开朗基罗艺术大展⑪”，现代艺术领域的“基里科&莫兰迪——意大利现代艺术的光芒⑫”，以及时尚领域的“Hello, My Name is Paul

① 2017年4月29日~8月27日，龙美术馆（西岸馆）。

② 2017年9月9日~11月26日，龙美术馆（西岸馆）。

③ 2017年1月22日~5月21日，龙美术馆（西岸馆）。

④ 2016年3月20日~6月26日，龙美术馆（西岸馆）。

⑤ 2017年6月25日~8月22日，龙美术馆（西岸馆）。

⑥ 2017年12月16日~2018年2月25日，龙美术馆（西岸馆）。

⑦ 2016年10月29日~2017年1月15日，余德耀美术馆。

⑧ 2016月3月22日~7月31日，余德耀美术馆。

⑨ 2015年9月1日~2016年1月3日，余德耀美术馆。

⑩ 2017年3月28日~8月13日，余德耀美术馆。

⑪ 2016年12月28日~2017年4月9日，艺仓美术馆。

⑫ 2017年6月17日~9月10日，艺仓美术馆。

Smith[①]”。

（二）国有企业布局特展产业

文创特展在最近几年的爆发式发展，最初得益于民营机构、民间资本的积极参与。从 2017 年开始，大量国企布局文创特展，这成为又一股强大的动力。

2015 年，上海自贸区国际文化投资发展有限公司主办了“米罗制造——梦幻版画体验展[②]”，这是国企举办特展的一个早期案例。到 2017 年，国企举办特展的数量开始明显增加，包括上海贸促展览展示有限公司主办的“奇幻魔方——探寻奇幻电影的秘密[③]”、华茂国际展览（上海）有限公司参与投资的“创世纪 · 米开朗基罗亚洲首展[④]”、上海美术设计有限公司主办的“APPLE+[⑤]”等。此外，淮海集团、衡山集团旗下的相关企业也都在涉足文创特展。

近年来进入特展行业的国企，大多原本就是在展览展示领域扮演重要角色的企业，拥有丰富的行业资源和执行经验，有特展所需的专业人才和雄厚的资金。如上海贸促展示设计工程有限公司，是上海市国际贸易促进委员会下属的国有企业，其传统业务主要集中在展馆展示和商业展示两大市场，参与过世界互联网大会（乌镇）、上海车展、世博会 5 大主题馆等超大型的会展项目。

在数量增加的同时，国企进入特展领域的心态也从“试水”逐渐过渡到“布局”。以上海美

① 2017 年 10 月 10 日~2018 年 1 月 7 日，艺仓美术馆。

② 2015 年 10 月 31 日~2016 年 1 月 3 日，上海芮欧百货。

③ 2017 年 7 月 15 日~9 月 17 日，长宁来福士户外大草坪。

④ 2017 年 6 月 8 日~10 月 7 日，上海环球金融中心 4 楼。

⑤ 2017 年 10 月 13 日~12 月 4 日，上海当代艺术馆。

术设计有限公司为例，这是一个拥有 60 年历史的老牌国企，主要从事陈列展示、建筑装饰等方面的业务。在博物馆展陈领域，上美最著名的案例包括上海自然博物馆、上海玻璃博物馆以及上海电影博物馆等。从 2017 年开始，上美将文创特展定为重要的新增业务版块，并对特展业务进行了品牌化的整体设计，将其特展品牌定名为 DNA（取 Design and Art 之意），并提出了以设计、创意为主要方向的特展业务。

（三）上海市会展行业协会文创特展专委会成立

2017 年 9 月，上海市会展行业协会文创特展专委会正式宣布成立，在首届文创特展专委会的主要组织成员中，有包括特展主办方、场地方和学术研究者等在特展中重要参与方的代表。

文创特展专委会以促进特展行业健康发展为目标，确立了交流、研究、培训等几项主要工作任务：一是定期组织论坛、沙龙以及同行交流会等活动，促进行业的良性发展；二是组织针对上海“文创特展”市场进行调研分析，编制相关“文创特展”发展趋势报告和标准，向协会及社会提供专业研究成果；三是组织联络，逐步吸收相关企业为本专业委员会的成员单位；四是为专委会会员单位提供相关技术咨询，支持与引导市场实践活动；五是组织开展“文创特展”培训，培养专业从业人员。

文创特展专委会的成立对于文创特展产业在

上海的发展具有重要意义，这标志着文创特展已经拥有一定的行业规模，拥有了相当数量的相关企业，这些企业有互相交流，并且提升展览质量、提高行业声量的共同诉求。

二、上海特展项目内容的亮点与趋势

根据不完全的统计，上海在 2017 年度举办的具有特展性质的展览在 80 个左右（2015 年是 30 个左右）。那些学术性或实验性较强的展览，以及画廊中举办的当代艺术展均不在统计之列。这些特展在内容上分为以下几类：艺术相关、历史文化相关、电影相关、音乐相关、时尚相关、娱乐相关、科学亲子相关等。从展览的内容分类来看，艺术相关内容占所有展览的六至七成。从展览来源来看，进口展览占所有展览总量的九成以上。与 2015 年的相同指标对比，上海的特展市场中，艺术为主、进口为主的总体特征并无太大变化。

在展览总量大幅增加的同时，高品质的展览也持续涌现，整体上看，2017 年的特展质量比之两年前有非常明显的进步。这种进步一方面体现在展览本身的主题和内容上，同时也体现在展览方对观众需求的准确把握。

（一）进口艺术展热点集中

进口艺术特展的内容，比较集中地分布在文艺复兴、印象派和当代艺术三大类型中。

2015—2017 年间，有多个与文艺复兴相关的展览先后出现，如在虹桥天地演艺中心的“天才达·芬奇[①]”、在新天地的“早期蒙娜丽莎发现之旅[②]”等、月星环球港的“庞贝末日[③]”等。单是在 2017 年，就有环球金融中心的“创世纪·米开朗基罗亚洲首展”、艺仓美术馆的“小米手机·神美·米开朗基罗艺术大展”、喜玛拉雅美术馆的“奇迹：贝利尼家族与文艺复兴特展[④]”和“神话与较量：李奥纳多·达·芬奇与米开朗基罗和拉斐尔[⑤]”（这两个展览后者是前者的是展中展，持同一张门票参观）。

另一个热门主题是印象派，在“印象派大师·莫奈特展”（真迹展）大热之后，2015 年有“凯迪拉克·不朽的梵高——感映艺术大展[⑥]”（影像展），2016 年有“印象派大师雷诺阿特展”（真迹展）和“印象莫奈：时光映迹艺术展[⑦]”（影像展）等。

文艺复兴和印象派的艺术，都有存量少、价值高、展品来源受限等共同特征，为了满足世界各地的展览需求，就出现了复制衍生展。复制衍生展是指：在获得艺术品（或文物）的物主或版权方许可的前提下，对原艺术作品进行实物复制或影像复制，并将这些复制品组织成展览。出现在上海的文艺复兴和印象派展览中，有相当一部分就是这种性质的展览。从观众的反映来看，上海观众对这类复制衍生展，尤其是对影像的复制衍生展的兴趣正在迅速下滑。

文化艺术类展览的第三类内容集中在当代艺术领域，数量相对较多。过去一两年中，引起较

① 2015 年 12 月 8 日 ~2016 年 4 月 7 日，虹桥天地演艺中心。

② 2016 年 4 月 28 日 ~8 月 28 日，新里新天地。

③ 2016 年 7 月 9 日 ~10 月 9 日，月星环球港。

④ 2017 年 9 月 28 日 ~12 月 23 日，喜玛拉雅美术馆。

⑤ 2017 年 9 月 28 日 ~12 月 23 日，喜玛拉雅美术馆。

⑥ 2015 年 4 月 29 日 ~7 月 15 日，上海新天地。

⑦ 2016 年 9 月 15 日 ~12 月 25 日，合生国际广场。

大反响的这类巡展包括“宣言：朱利安·罗斯菲德[①]”“詹姆斯·特瑞尔回顾展”“安东尼·葛姆雷：静止中移动”等。

（二）展览质量明显提高

在展览数量大幅增加的同时，特展的质量也比之前有明显地提高。无论是展览内容的选择，还是进口展览的本地化改装，再到展陈设计、现场管理等，上海特展整体上都在朝着成熟、规范的方向发展。

2015 年，上海特展市场上一度大量出现文不对题、过度宣传甚至是虚假宣传的例子。其中激起较多负面评论的有龙美术馆举办的“伦勃朗的时代——重要十七世纪荷兰素描作品展[②]”，这个展览虽然在标题中出现了伦勃朗，但展品中只有一件伦勃朗的素描小稿。另一个是在月星环球港举办的“传奇·毕加索艺术大展[③]”，号称作品价值 10 亿欧元的展览中，主要的展览内容是版画和陶器。

到 2017 年，上海特展的展览质量有了明显的提高，这主要体现在内容和推广两个方面。随着主办方办展经验的丰富，对观众口味偏好的把握度也越来越准确，主办方在选择展览项目时能够选择那些既有专业品质，又较容易被观众接受的展览内容。而在对展览进行推广时，也能够以更加务实的态度，深入研究展览内容，从中挖掘亮点和价值。

2017 年上海最为热门的展览应该是上海博物馆举办的“大英博物馆百物展：浓缩的世界史[④]”，

① 2017 年 9 月 20 日 ~12 月 31 日，昊美术馆。

② 2015 年 4 月 16 日 ~5 月 10 日。龙美术馆（西岸馆）。

③ 2015 年 10 月 28 日 ~2016 年 1 月 31 日，月星环球港。

④ 2017 年 6 月 28 日 ~10 月 8 日，上海博物馆。

每天限流 8000 人，观众排队最长达到 5 个小时。在上海当代艺术博物馆举办的“爱马仕‘奇境漫步’”虽然是一个品牌宣传展，但整个展览流畅的策展思路、浸入式的观展体验以及精致的展陈，都能给人留下深刻的印象，成为 2017 年上海特展领域的一个重要收获。

（三）观众的自拍与分享需求得到充分重视

在 2017 年的展览中，主办方开始高度重视观众自拍以及在社交平台上分享观展经验的需求，这是伴随着观众将看展行为社交化、日常化之后，所必须产生的一个变化。可以说，在展览中设置观众可以直接参与的简单互动游戏，以及拍照留影场景，已经成为上海特展主办方在策划展览时必须考虑的观众服务项目。

在为观众设置的自拍场景中，比较简单的有在 KT 板上打印的平面图像，或是用玻璃钢制作的立体形象等，观众可以完全自助式地与这些自拍场景完成合影动作。复杂一些的则是利用了形象识别、动作捕捉等技术手段，这类拍摄通常需要工作人员的协助，而观众获得照片的方式，除了手机拍摄以外，还会有扫二维码将照片发送至用户手机终端，或是直接现场打印等方式。

从结果来看，展览中提供自拍场景是对观众和主办方双方都有好处的双赢设置。自拍可以为观众提供朋友圈的分享内容，起到社交分享的作用；而分享本身也可以视为对展览口碑的宣传，并帮助进一步提升票房。